J新書 23

映画のセリフもどんどんキャッチできる

魔法の英語 耳づくり

聞き取れない音をゼロにする
集中耳トレ120

リサ・ヴォート
Lisa Vogt

Jリサーチ出版

☆はじめに☆

いつも取りこぼしていた英語の音が耳にとどまるようになる

　英単語を一語一語学んでも、ネイティブの人が普段づかいで話すスピード（ナチュラルスピード）になると、文脈の中で語と語の音がつながったり、途中でとぎれたり、いろいろな「音の変化」が生まれます。英語はアクセントやリズムがあって、音の強弱がはっきりしています。つまり日本語のように均一なトーンでネイティブの人はほとんど話してくれないのです。

　本書では、英語特有の「音の変化」に着目し、変化が顕著なアルファベットの順にランキング形式で掲載。あらかじめ音の変化の仕組みを知っておけば、どんな変化にも対応できます。ネイティブが当たり前に話すスピード（ナチュラルスピード）にしっかり耳がついていけるように、英語の耳づくりをします。

CDはゆっくり→ナチュラルの2回読み

　アルファベットごとに集中的にトレーニングすることで、そのアルファベットが持つ音の変化のくせや一定のルールを耳に染み込ませることができます。また、同じアルファベットでも文脈に

よっては聞こえ方が違う場合がありますから、それを比較し理解するにも役立つ構成になっています。

　CDは ゆっくり → ナチュラル スピードの2回読み。初級者の方から安心して独学で習得できます。

発音記号や難しい法則はなし

　一部、解説をわかりやすくするため発音記号を紹介していますが、基本的には発音記号や難しい法則などはありません。

　①音の変化の仕組み ②すぐに使える実用例文 ③練習問題、というシンプルな構成ですので、CDを繰り返し聞いて耳慣らしと口慣らしをしてください。自然にこれまで耳に入ってこなかった英語が聞き取れ、同時に英語が示す内容や使うべきシチュエーションも理解できるようになっていきます。

　あらかじめ知っているだけで、どんなに早口にまくしたてられたとしても、英語がしっかり耳に残り、相手の人が言おうとしていることを脳が理解するようになります。さあ、ネイティブの人と気軽に会話を楽しめるように、英語の耳づくり、スタートです！

リサ・ヴォート

☆本書の使い方☆

　本書は「聞き取りづらいランキング順」にアルファベットを1位から10位まで選び、その10のアルファベットの中から「最も聞き取りづらい語句」を120選抜。①実際の聞こえ方②音が変化する理由(解説)③実用例文4～5つを紹介し、集中的に聞き取りづらい音を耳トレ(集中耳トレ)することができます。

　120の語句は中学で学んだ基本的な英語ばかりです。tell me→te ume、been to→binta というように、その見出し語が実際はどのように聞こえるのかアルファベット文字で表記しています。(※カタカナ文字で表記した本もよく見ますが、カタカナでは伝えきれない音の変化が英語には多いため、本書ではアルファベット表記を採用しています)

　また、本書ではアメリカ英語の発音を基本としています。

STEP 1 まず最初はページを見ずに、CDに収録されている見出し語句の音声を聞いてみましょう。　**ゆっくり＆ナチュラルスピードの2回流れます**

STEP 2 次に見出し語句を見ながらもう1度CDを聞いてみましょう。すぐ下の【実際はこう聞こえる】にはアルファベットで実際の聞こえ方を表記しています。どんな音の変化になっているかチェックしてください。

STEP 3 今度は「Listen carefully!」を見ながら例文をCDで聞いてみましょう。ここではネイティブの会話が実際に使われている表現を取り上げています。色分けされた箇所を中心に、どのように聞こえてくるのかを耳に定着させてください。　**ゆっくり＆ナチュラルスピードの2回流れます**

STEP 4 耳が慣れてきたら、一番下の欄の「そう聞こえるのはナゼか？」へ進みましょう。STEP3で練習した聞き取りのポイントをわかりやすく解説しています。

STEP 5 各章で5～30の＜集中耳トレ＞がありますので、順番に身につけていきましょう。

STEP 1〜2
実際にはネイティブはどんな風に声にだすのか、CD で聞いてみよう。

第1位
[t]
集中耳トレ
❶

but I   意味 でも、私は

実際はこう聞こえる ▶ **bah-dai**

Listen carefully!

ゆっくり ▶ ナチュラル
CD 02

① でも、それは昨日彼に言ったんだよ！
But I told him that yesterday!
bah-dai

② でも確かにドアをロックしたんだ。
But I am sure that I locked the door.
bah-dai

STEP 3
ネイティブが日常で使う表現はこんな感じに聞こえます。

③ でも今年はハワイに行きたいの。
But I want to go to Hawaii this year.
bah-dai

④ あなたの言うことはわかるけど、私がやったんじゃない！
I understand what you're saying, but I didn't do it!
bah-dai

⑤ あなたは私を愛していないけど、私はまだあなたを愛してる。
You don't love me but I still love you.
bah-dai

(((そう聞こえるのはナゼか？)))

but + I は "bah-dai" のように聞こえます。ほとんどの会話で、but の最後の音 t は次の I とつながり、まるで一語のように聞こえます。

STEP 4〜5
音がこんな風に聞こえてくるのはナゼか。解説を読んで頭でも理解しておきましょう。

STEP 6 章と章の間には、復習ができる エクササイズ があります。聞き取れるようになったかどうか、ここでチェックしましょう。

STEP 7 音の変化を理解し、聞き取れるようになったら、さいごにCDの声を真似して自分でも声にだして言ってみましょう。自分で言ったことのある言葉は、より一層聞き取りやすくなります。

エクササイズ

CD 17 を聞いて、( ) の中に適当な語句を入れ、文を完成させましょう。

1. ( )( ) really wanted the pink jacket.

2. It's not ( )( ) shopping bag, it's about saving the planet!

3. He finally ( )( ) when his mother became angry.

4. You ( )( ) wear a suit.

5. ( )( ) the doctor tell you?

解答・訳

1. (**But**)(**I**) really wanted the pink jacket.
   でもピンクのジャケットが欲しかったの。
2. It's not (**about**)(**a**) shopping bag, it's about saving the planet!
   買い物袋のことではなく、地球を救うのです。
3. He finally (**got**)(**up**) when his mother became angry.
   母親が怒りだし、ようやく彼は起きた。
4. You (**had**)(**better**) wear a suit.
   スーツを着ていった方がよい。
5. (**What**)(**did**) the doctor tell you?
   医者は君に何て言ったの？

42

STEP 6〜7
本編で学んだ音を聞き取ることができるか、力を試しましょう。

CD はすべて ゆっくり ➡ ナチュラルスピード と２度ずつ英語が流れます。

★「聞こえてくる音」の表記について★

　本書では日常の会話で聞こえてくる英語の音をアルファベットで文字表記しています。いずれもローマ字つづりではなく、英語の発音をもとに、聞こえてくる音を文字に置き換える方法をとっています。下記の例を参考にしてください。

● はっきりした「ア」はa、息が抜けた「ア」はh

must have → muhsta
最初は「マ」のように聞こえますが、mast（船の帆柱）のようなはっきりしたaの音ではありません。もっと息が抜けた控えめなaの音については、その音に近いhで表記しています。

★「番外編」について★

　153ページからはランキングからはもれましたが、日本人の多くの人が苦手意識を持つ発音をマスターしていただくために番外編を設けています。なんとなく聞き取れるけれども、うまく発音できない。「r」「l」の音の違いがわからない。そんな疑問を解消します。

★「映画有名セリフを聞き取る」について★

　巻末の161ページからは映画で使われた有名なセリフを紹介しています。ここでは10 lines（セリフ）から18の音の変化を聞き取れるか、本編の「集中耳トレ」で学んだ成果をぜひ試してみてください。本書にとどまらず、映画館やDVD鑑賞でどんどん力試しをしましょう。

☆目 次☆

はじめに ……………………………………………………………………… 2
本書の使い方 ………………………………………………………………… 4

第1位「t」

but I ……………… 12	wait a ……………… 23	let me ……………… 34
about a …………… 13	think it over ……… 24	just ………………… 35
go to ……………… 14	don't ask ………… 25	pointer …………… 36
got up …………… 15	get him …………… 26	going to ………… 37
been to …………… 16	what I'm ………… 27	wants to ………… 38
better …………… 17	put on …………… 28	great idea ……… 39
matter …………… 18	right away ……… 29	center …………… 40
bottle …………… 19	what happened … 30	postman ………… 41
city ……………… 20	that again ……… 31	エクササイズ ……… 42
what did ………… 21	won't be ………… 32	
excited ………… 22	let it ……………… 33	

第2位「d」

had to …………… 46	find ……………… 55	included ………… 64
good afternoon … 47	used ……………… 56	laughed ………… 65
told you ………… 48	iced ……………… 57	jumped ………… 66
glad you ………… 49	baked …………… 58	sandwich ……… 67
mind your ……… 50	cooked ………… 59	played tennis … 68
I'd like …………… 51	asked …………… 60	heard of it ……… 69
old job …………… 52	helped ………… 61	talked …………… 70
fed up …………… 53	needed ………… 62	エクササイズ ……… 71
gold ……………… 54	invited ………… 63	

第3位「l」

- tell me ……… 74
- will you ……… 75
- beautiful ……… 76
- hospital ……… 77
- apple ……… 78
- feel lonely ……… 79
- final ……… 80
- always ……… 81
- real ……… 82
- rule ……… 83
- travel ……… 84
- small ……… 85
- I'll ……… 86
- it'll ……… 87
- ball ……… 88
- milk ……… 89
- pool ……… 90
- simple ……… 91
- all ……… 92
- cell ……… 93
- エクササイズ ……… 94

第4位「s」

- nose ……… 96
- bees ……… 97
- legs ……… 98
- sisters ……… 99
- kisses ……… 100
- boxes ……… 101
- peaches ……… 102
- close ……… 103
- lose ……… 104
- bridges ……… 105
- エクササイズ ……… 106

第5位「g」

- going on ……… 108
- throwing up ……… 109
- acting ……… 110
- doing ……… 111
- young girl ……… 112
- coming ……… 113
- rang ……… 114
- big girl ……… 115
- ding dong ……… 116
- dropping ……… 117
- エクササイズ ……… 118

第6位「o」

- watch out ……… 120
- why not ……… 121
- of ……… 122
- or ……… 123
- olive ……… 124

第7位「h」

herb 126	her 128	I would have 130
he 127	have 129	

第8位「v」

have to 132	would have 134	could not have ... 136
must have 133	should not have ... 135	

第9位「a」

Can I 138	for a 140	an orange 142
that all 139	to a 141	

第10位「y」

get your 144	that your/that you're ... 146	your /you're 148
are you 145	don't you 147	エクササイズ 149

番外編「発音レッスン①」

L vs. R 154	B vs. V 155	S vs. TH 156

番外編「発音レッスン②」

TH vs. Z 158	F vs. H 159	UR vs. AH 160

映画有名セリフを聞き取る 161

第1位
[t]

第1位 [t] 集中耳トレ ❶

but I

意味 でも、私は

実際はこう聞こえる ➡ **bah-dai**

Listen carefully!

ゆっくり ▶ ナチュラル
CD 02

① でも、それは昨日彼に言ったんだよ！
But I told him that yesterday!
bah-dai

② でも確かにドアをロックしたんだ。
But I am sure that I locked the door.
bah-dai

③ でも今年はハワイに行きたいの。
But I want to go to Hawaii this year.
bah-dai

④ あなたの言うことはわかるけど、私がやったんじゃない！
I understand what you're saying, but I didn't do it!
　　　　　　　　　　　　　　　　　　　　 bah-dai

⑤ あなたは私を愛していないけど、私はまだあなたを愛してる。
You don't love me but I still love you.
　　　　　　　　　　 bah-dai

そう聞こえるのはナゼか？

but + I は "bah-dai" のように聞こえます。ほとんどの会話で、but の最後の音 t は次の I とつながり、まるで一語のように聞こえます。

第1位 [t] 集中耳トレ ❷

about a

意味 〜について、およそ〜

実際はこう聞こえる ➡ **bauda**

Listen carefully!

ゆっくり ▶ ナチュラル
CD 02

① ビールを一杯いかがですか？
How **about a** glass of beer?
　　　bauda

② それはUSBスティックについてです。
It's **about a** USB stick.
　　bauda

③ 一年ほど前だよ、たぶん。
About a year ago, I think.
　bauda

④ それらは一年くらい前のものです。
They're **about a** year old.
　　　bauda

⑤ 彼女の身長は約160センチです。
She's **about 160** centimeters tall.
　　bauda

(((**そう聞こえるのはナゼか？**)))

ネイティブは about の a をほとんど省略します。また後ろの a は about の t とつながって da や la に近い音に聞こえます。例文5の「160」は a [one] hundred and sixty と読みます。

第1位 [t] 集中耳トレ ❸

go to

意味 ～へ行く

実際はこう聞こえる ▶ **gouta / gouda**

Listen carefully!

ゆっくり ▶ ナチュラル
CD 03

① 今すぐ寝なさい。
Go to bed right now.
gouta/gouda

② 彼女はトイレに行かなければならない。
She's got to go to the bathroom.
gouta/gouda

③ 彼らは量販店へ行きます。
They will go to the superstore.
gouta/gouda

④ 君、春にフィレンツェに行くって？
You'll go to Florence in the spring?
gouta/gouda

⑤ あの箱は倉庫行きよ。
That box will go to the storage room.
gouta/gouda

そう聞こえるのはナゼか？

to の後は「どこへ」という目的地を強調して言うため、to が非常に短く発音されます。

第1位 [t] 集中耳トレ ❹

got up

[意味] 起きた

実際はこう聞こえる ➡ **gahdup**

Listen carefully!

ゆっくり ▶ ナチュラル
CD 03

① 私は今朝7時に目を覚ました。
I got up at seven this morning.
　 gahdup

② 彼らは7月半ばにアラスカに着いた。
They got up to Alaska by mid July.
　　 gahdup

③ 彼女は3つ目の質問をしようとしたが、止めておいた。
She got up to the third question, then gave up.
　 gahdup

④ 眠そうな犬はホネを与えられてはじめて起きた。
The sleepy dog got up only after it was thrown a bone.
　　　　　　　　 gahdup

⑤ 水が膝まで迫ってきた！
The water got up to my knees!
　　　　 gahdup

そう聞こえるのはナゼか？

got + up = got の t は次の up の母音 u と連結して、go + tup、つまり実際には gahdup のように聞こえます。

第1位 [t] 集中耳トレ ❺

been to 意味 ～へ

実際はこう聞こえる ➡ **binta**

Listen carefully! ゆっくり ▶ ナチュラル CD 04

① 新しいアップルストアに行きましたか？
Have you **been to** the new Apple Store?
　　　　　binta

② スペインに行ったことがありません。
I've never **been to** Spain.
　　　　　binta

③ 彼女はその図書館にもう5回も行っているのよ。
She's **been to** the library five times already.
　　　binta

④ 『私は私を知らない』という歌を知ってる？
Do you know the song "I've never **been to** me"?
　　　　　　　　　　　　　　　　binta

⑤ 私のプリンターは何度か修理屋に行ったよ。
My printer has **been to** the repairman several times.
　　　　　　　　　binta

そう聞こえるのはナゼか？

been to を早口で言う場合、to の音が ta のように聞こえます。been to で一つの単語のようになります。

第1位 [t] 集中耳トレ ⑥

better 意味 よくなる

実際はこう聞こえる → **beder**

Listen carefully!

① もう彼女の具合はよくなった？
Has she gotten better yet?
　　　　　　　　beder

② よくも悪くも。
For better or for worse.
　　　beder

③ エスプレッソよりはカプチーノがいいです。
A cappuccino is better than an espresso.
　　　　　　　　　beder

④ 気分よくなった？
Are you feeling better?
　　　　　　　beder

⑤ 来ないよりはまだ遅れるほうがましでしょう？
It's better late than never, right?
　　beder

そう聞こえるのはナゼか？

tが2つ重なるttは、dやlに近い音で聞こえます。

第1位 [t] 集中耳トレ ❼

matter 意味 問題

実際はこう聞こえる ➡ **madder**

Listen carefully!

ゆっくり ▶ ナチュラル
CD 05

① どうしたの？
What's the matter?
　　　　　madder

② もういいですよ。
It doesn't matter anymore.
　　　　　madder

③ それは事実なのです。
It's a matter of fact.
　　　　madder

④ ええ、私にとっては問題よ！
Well, it matters to me!
　　　　madders

⑤ 問題は解決しました。
The matter is solved.
　　　madder

そう聞こえるのはナゼか？

better と同じく matter も英会話の頻出語です。tt の音の変化も同じですので、しっかり耳を慣らしておきましょう。

第1位 [t] 集中耳トレ ⑧

bottle 意味 ビン

実際はこう聞こえる ➡ **bah dul**

Listen carefully!

ゆっくり ▶ ナチュラル
CD 05

① メープルシロップがいいわね。
A bottle of maple syrup is good.
   bah dul

② コーラを一本いかがですか？
How about a coke bottle?
                   bah dul

③ ミネラルウォーターを一本いただけませんか？
Could you please bring me a bottle of mineral water?
                                  bah dul

④ 私は瓶のふたを集めています。
I collect bottle caps.
        bah dul

⑤ ワインを何本お持ちですか？
How many bottles of wine do you have?
              bah dul

そう聞こえるのはナゼか？

旅先のレストランやホテルでよく聞く bottle も、t が d の音に変化して聞こえますので、注意が必要です。

第1位 [t] 集中耳トレ ❾

city 意味 街、都市

実際はこう聞こえる ➡ **sidy**

Listen carefully! 　　　　　　　　　　ゆっくり ▶ ナチュラル

CD 06

❶ ロサンゼルスは「女神の都市」というニックネームがついています。
Los Angeles is nicknamed "the city of angels".
　　　　　　　　　　　　　　　　　sidy

❷ 今日は街に人がいないね！
The city is empty today!
　　　sidy

❸ たぶん街に行けば、それは見つかるよ。
Maybe if we went to the city, we can find it.
　　　　　　　　　　　　　　sidy

❹ 都市ですか、町ですか？
Is it a city or a town?
　　　　　sidy

❺ なんて大きな都市なんでしょう！
What a big city!
　　　　　　sidy

そう聞こえるのはナゼか？

city も旅先で頻繁に出会う単語です。t が d のように聞こえ、sidy となります。有名な Citibank も実際は Sidybank のように聞こえますよ。

第1位 [t] 集中耳トレ ⑩

what did 意味 何が〜した

実際はこう聞こえる ➡ **wa did**

Listen carefully!

ゆっくり ▶ ナチュラル
CD 06

① それであなたは何をしたの？
Then what did you do?
　　　　wa did

② ボスはあなたに何と言ったんですか？
What did the boss tell you?
wa did

③ ニンジンのあとに彼はカレーに何を入れたのかな？
After the carrots, what did he put in the curry?
　　　　　　　　　　　wa did

④ それでコラムには何て書いてあったの？
And what did the column say?
　　　wa did

⑤ ニュースを聞いて、あなたのお母さんは何をしたんだい？
When she heard the news, what did your mother do?
　　　　　　　　　　　　wa did

そう聞こえるのはナゼか？

what + did = what の t と did の d は共にプロシブサウンドと呼ばれ、それらが重なったとき、先の t の音が消え、次の d だけが聞こえます。

第1位 [t] 集中耳トレ ⑪

excited

意味 興奮した

実際はこう聞こえる ⇒ **kusai ded**

Listen carefully!

ゆっくり ▶ ナチュラル
CD 07

① 私が彼と会うことについて
どれだけ興奮しているかわかる？
You won't believe how excited I am about meeting him.
　　　　　　　　　　　　kusai ded

② そんなに興奮しないで。
Don't get so excited.
　　　　　　kusai ded

③ 結局、私は期待して何もならなかった。
In the end, I got excited about nothing.
　　　　　　　　kusai ded

④ 彼はまったく感動してないよ。
He's not excited at all.
　　　　　kusai ded

⑤ 楽しみにしている？
Are you excited?
　　　　kusai ded

(((そう聞こえるのはナゼか？)))

excite は現在形の場合は e の音はほとんど無視されますが、過去形・過去完了形の excited となる場合、t の音が次の子 e に吸収され、t と d の間の音のように聞こえます。

第1位 [t] 集中耳トレ ⑫

wait a

意味 待つ

実際はこう聞こえる ⇒ **wayda**

Listen carefully!

ゆっくり ▶ ナチュラル
CD 07

① ちょっと待ってて！
Wait a minute!
wayda

② 僕はもう待てない。
I can't wait a minute longer.
　　　　wayda

③ ほんの少しの間、待っていてください。
Please wait a little while.
　　　　wayda

④ あなた、丸1時間待ったの？
Did you wait a whole hour?
　　　　　wayda

⑤ あと2、3分待ってくれ。彼はまもなく現れるよ。
Wait a few more minutes. I'm sure he'll come soon.
wayda

そう聞こえるのはナゼか？

例文1のWait a minute! は定番表現ですね。ネイティブの発音をよく聞くとわかる通り、これもtの音が日本人が慣れているタ行の音というよりも、dに近い音で発声されますので慣れておきましょう。

第1位 [t] 集中耳トレ ⑬

think it over

意味 考え直す

実際はこう聞こえる ➡ **thin ki dover**

Listen carefully!

ゆっくり ▶ ナチュラル
CD 08

① もう一度考え直そう。
I'll **think it over** again.
　　　thin ki dover

② 決める前にきちんと考え直しなさい。
Think it over carefully before deciding.
　thin ki dover

③ 再考する時間は今のところない。
I don't have time right now to **think it over**.
　　　　　　　　　　　　　　　　　thin ki dover

④ まず考え直してみなかったの？
Didn't you **think it over** first?
　　　　　thin ki dover

⑤ 週末の間に考え直してちょうだい。
You must **think it over** during the weekend.
　　　　　thin ki dover

そう聞こえるのはナゼか？

think it over（考え直す）は動詞と前置詞の間に代名詞 it が入るパターンで英会話でよく使われます。over にかかる it の t が変化しますが、あらかじめ慣れておけば簡単に聞き取れます。

第1位 [t] 集中耳トレ ⑭

don't ask

意味 聞くな

実際はこう聞こえる ➡ **don as⁽k⁾**

Listen carefully!

ゆっくり ▶ ナチュラル
CD 08

① 聞かないで、言わないで！
   Don't ask, don't tell!
   don as⁽k⁾

② 君が聞かなければ、真実は二度とわかるまい。
   If you don't ask, you'll never know the truth.
   don as⁽k⁾

③ これ以上の質問はやめてください。
   Please don't ask me any more questions.
   don as⁽k⁾

④ そのことについて彼には何も聞かないで。
   Don't ask him about it.
   don as⁽k⁾

⑤ もちろん、でも詳しいことは聞かないで。
   Sure, but don't ask for any details.
   don as⁽k⁾

そう聞こえるのはナゼか？

Don't ask のtの音はほぼ聞こえませんし、発音する場合もほとんどtの音を省略します。ただ、強く相手に訴える場合、DO NOT ASK! というように Don't を切り離して強調することがあります。

第1位 [t] 集中耳トレ ⑮

get him

意味 彼を〜せよ

実際はこう聞こえる ➡ ge (d)im

Listen carefully!

ゆっくり ▶ ナチュラル
CD 09

① 警察が今度は彼を捕えるだろう。
The police will get him this time.
　　　　　　　ge (d)im

② あなたは彼の同意を得たのですか？
Did you get him to agree?
　　　　ge (d)im

③ 今すぐ彼をそこから出せ。
Get him out of there right now.
ge (d)im

④ 彼には言いたいことが伝わりません。
I can't get him to understand my point.
　　　　ge (d)im

⑤ 彼を捕まえてやれ！
Go get him!
　　ge (d)im

そう聞こえるのはナゼか？

get＋人という、シンプルで頻出の連結パターンですが、tのあとに来るhの音により、最初のtの音が消えますのでご注意を。

what I'm

第1位 [t] 集中耳トレ ⑯

意味 私が〜のこと

実際はこう聞こえる ➡ **wa daim**

Listen carefully!

ゆっくり ▶ ナチュラル

CD 09

① 僕が君に言おうとしていることを理解していますか？
Can you understand what I'm trying to tell you?
　　　　　　　　　　　　　wa daim

② 私が言っているのは、それは不可能だということです！
What I'm saying is that that's impossible!
wa daim

③ これから私の言うことをちゃんと聞いて。わかった？
Listen carefully to what I'm about to say, OK?
　　　　　　　　　　wa daim

④ これから何をすればいいのかわからない。
I don't know what I'm going to do now.
　　　　　　　wa daim

⑤ 僕が何を飲んでいるか君はきっとわからない。
I'll bet you have no idea what I'm drinking!
　　　　　　　　　　　　　wa daim

そう聞こえるのはナゼか？

what の t が I（母音）と結合し、"what time" のような聞こえ方をしますので注意しましょう。wa daim のように聞こえます。文脈をしっかり理解することが重要です。

第1位 [t] 集中耳トレ ⑰

put on

意味 〜を着る

実際はこう聞こえる ➡ **puh on**

Listen carefully!

ゆっくり ▶ ナチュラル
CD 10

① セータを着たらどう？
Why don't you put on a sweater?
　　　　　　　　 puh on

② お行儀よくしなさい。
Remember to put on your best face.
　　　　　　 puh on

③ 今日は長靴を履いていくべきかな？
Should I put on my rain boots today?
　　　　　 puh on

④ あなたはメイクをしなければいけない。
You have to put on make up.
　　　　　　 puh on

⑤ このイヤリングをつけるの手伝ってくれない？
Would you help me put on these earrings?
　　　　　　　　　　 puh on

そう聞こえるのはナゼか？

put のあとに来る前置詞 on の母音に t が吸収され、puh on のように聞こえます。

第1位 [t] 集中耳トレ ⑱

right away
意味 すぐに

実際はこう聞こえる → **rai daway**

Listen carefully!

ゆっくり ▶ ナチュラル

CD 10

① すぐにやります。
I'll do it right away.
　　　　　　　 rai daway

② すぐにこれを２階に持っていってください。
Please take it upstairs right away.
　　　　　　　　　　　　　　 rai daway

③ どうしてすぐに食べなかったんだい？
Why didn't you eat it right away?
　　　　　　　　　　　 rai daway

④ かしこまりました！
Right away, ma'am!
rai daway

⑤ 今すぐに。
It has to be right away.
　　　　　　　 rai daway

そう聞こえるのはナゼか？

right の t が次の away を受けて ta もしくは da のように聞こえます。away とセットで聞き慣れておくとよいでしょう。

第1位 [t] 集中耳トレ⑲

what happened

実際はこう聞こえる ⇒ **wa hap end**

意味 何かあった

Listen carefully!

ゆっくり ▶ ナチュラル
CD 11

① 何があったのか教えてくれ。
Tell me what happened.
　　　　　　wa hap end

② 君、どうしたの？
What happened to you?
wa hap end

③ 何だと思う！
You won't believe what happened!
　　　　　　　　　wa hap end

④ どこにいったか君は知ってる？
Do you know what happened to it?
　　　　　　　wa hap end

⑤ 昨夜何があったんだ？
What happened last night?
wa hap end

そう聞こえるのはナゼか？

27ページの what I'm と似たパターンです。what ＋ happened と1語のように連結するので、t の音が省略される場合がほとんどです。例文3は話の前置きでよく使われるフレーズです。例文4は it に何があった？＝どこに消えた？というニュアンスの言い回しです。

第1位 [t] 集中耳トレ⑳

that again 意味 もう一度〜

実際はこう聞こえる → **tha tagin**

Listen carefully!

① ほんとほんと。
You can say that again.
 tha tagin

② もう一度言ってくれる?
Tell me about that again.
 tha tagin

③ またそれ！
Not that again!
 tha tagin

④ 彼は再びそのことを警官に話した。
He told that again to the police officer.
 tha tagin

⑤ また彼女はじまったよ。
She's at that again.
 tha tagin

そう聞こえるのはナゼか？

that の最後の t は again の a (母音) とくっついて、tha tagin という聞こえ方をします。

第1位 [t] 集中耳トレ㉑ won't be 意味 〜ない（未来のこと）

実際はこう聞こえる ➡ **wonbe**

Listen carefully!

ゆっくり ▶ ナチュラル

CD 12

① そんなに長くはならない。
It won't be long.
　　wonbe

② 彼はすぐには戻りません。
He won't be returning soon.
　　wonbe

③ あなたは今年、彼女が勝てないことがわかっている。そうよね？
You know that she won't be winning this year, right?
　　　　　　　　　　wonbe

④ 彼女はバレリーナにはなりません。
She won't be a ballerina.
　　wonbe

⑤ 彼らが聖歌隊で歌うことはないでしょう。
They won't be singing in the choir.
　　　wonbe

そう聞こえるのはナゼか？

won't は will not の省略形です。won't の t の音は be と連結し、ほとんど発音されません。ちなみに will + not が will'nt でないのは、古代語で will を woll と言っていたことに由来します。woll not ＝ won't。

第1位 [t] 集中耳トレ ㉒

let it

意味 〜してあげる

実際はこう聞こえる ➡ **ledit**

Listen carefully!

① 放っておきなよ。
Just let it be.
　　　ledit

② 手離しなさい。
Let it go.
ledit

③ 自由にしてあげましょうよ。
Why don't you just let it free?
　　　　　　　　　　ledit

④ しばらく煮詰めましょう。
Let it simmer for a while.
ledit

⑤ 数時間、置いておきましょう。
Let's let it rest a few hours.
　　　ledit

そう聞こえるのはナゼか？

let の t が続く it の i と連結し、ledit と聞こえます。t の音は日本語のタ行のようなはっきりとした強い音とは異なって、英語では弱い音なのです。

第1位 [t] 集中耳トレ㉓

let me 意味 私に〜させて

実際はこう聞こえる ➡ **lemee**

Listen carefully!

ゆっくり ▶ ナチュラル
CD **13**

① 私に任せて。
Let me handle it.
　lemee

② 今回は私にやらせるべきよ！
You have to **let me** do it this time!
　　　　　　　　lemee

③ 君とダンスさせてください。
Please **let me** dance with you.
　　　　　lemee

④ わかったら私に知らせてね。
Do **let me** know when you find out.
　　　lemee

⑤ 入れて！
Let me in!
　lemee

そう聞こえるのはナゼか？

Let の t は me に続くときに消えます。子どもたちが成長していく過程で両親に何かをお願いするとき、よく使う表現です。相手にとっては叶えやすいお願いごとが多いです。

第1位 [t] 集中耳トレ㉔

just 意味 〜だけ

実際はこう聞こえる ▶ **jus**

Listen carefully! ゆっくり ▶ ナチュラル CD 13

① ただお家（うち）にいて泣きたいことってない？
Do you ever just want to stay home and cry?
　　　　　　　jus

② 完璧。私の好みにぴったりです。
Perfect, just the way I like it.
　　　　　jus

③ 事実だけを教えていただける？
Give me just the facts, ma'am.
　　　　 jus

④ 私たち、たった今終えようとしていたところなの。
We were just finishing up.
　　　　 jus

⑤ 正義のための闘いです。
It's a fight for a just cause.
　　　　　　　　 jus

そう聞こえるのはナゼか？

just はとてもよく使われる副詞ですが、実際は t の音がほとんど聞こえませんので、慣れておきましょう。トヨタ自動車の製造ポリシー「Just in time」もビジネスの世界で頻出のキーワードです。

第1位 [t] 集中耳トレ ㉕

pointer

意味 要点／ポインター

実際はこう聞こえる ▶ **poinner**

Listen carefully!

ゆっくり ▶ ナチュラル
CD 14

① いくつかあなたにアドバイスしましょう。
Let me give you some pointers.
　　　　　　　　　　　　　poinners

② 発表者はポインター（スライドを指すための光装置）を必要とした。
The presentation required a pointer.
　　　　　　　　　　　　　　　　poinner

③ すごいことが起きる兆候だ。
It's a pointer of greater things to come.
　　　　poinner

④ このキーチェーンはレーザーポインターがついています。
This keychain comes with a laser pointer.
　　　　　　　　　　　　　　　　　　　poinner

⑤ ポインターを数字の上に置いてください。
Place the pointer over the figures, please.
　　　　　　poinner

そう聞こえるのはナゼか？

日常の会話やビジネス会話でよく出てきて意外に聞き取れないのがpointer。tの音が消え、poinnerとまったく違った単語のように聞こえます。

第1位 [t] 集中耳トレ ㉖

going to

意味 〜するつもり

実際はこう聞こえる ⇒ **gonna**

Listen carefully!

ゆっくり ▶ ナチュラル
CD 14

① あたなは日曜日に行くつもりですか？
Are you going to go on Sunday?
　　　　gonna

② ビーチに行こうとしていたのですが、雨が降ってきたんです。
I was going to go to the beach but then it started to rain.
　　　gonna

③ バスはデパートの前で停まるものだと思っていました。
We thought the bus was going to stop in front of the
department store.　　　　　gonna

④ ペンキはまだ乾いていませんが、もうすぐ乾くでしょう。
The paint isn't dry yet but it's going to be soon.
　　　　　　　　　　　　　　gonna

⑤ 彼女は次の週からダイエットを始めると言った。
She said that she's going to start her diet next week.
　　　　　　　　　　gonna

そう聞こえるのはナゼか？

これまでのパターンは単語の語尾と次にくる単語がつながって音が変化してきましたが、going to は gonna というように、まったく違った音で聞こえてきます。セリフの多い小説やコミックでは始めからgonna と表記されることもあります。

第1位 [t] 集中耳トレ㉗

wants to

意味 〜したい

実際はこう聞こえる ➡ **wansta**

Listen carefully!

ゆっくり ▶ナチュラル
CD 15

① 昨年の繰り返しを彼は避けたがっている。
He wants to avoid a repeat of last year.
　　wansta

② みんなファミレスに行きたがっている。
Everyone wants to go to a family restaurant.
　　　　　 wansta

③ その子はゲームをしたがっている。
The boy wants to play a game.
　　　　 wansta

④ 彼女が会社を辞めたがっているってのは本当？
Are you sure she wants to leave the company?
　　　　　　　　　　 wansta

⑤ コンピュータが2、3分おきにシャットダウンしたがっている。
My computer wants to shut down every few minutes.
　　　　　　　wansta

そう聞こえるのはナゼか？

want to が wanna となるのは『魔法のリスニング（J新書17）』でもご紹介しましたが、単数形になって wants となる場合も聞き取りづらいので注意が必要です。企業が主体になってセンテンスが作られる場合、wants は超頻出します。

第1位 [t] 集中耳トレ ㉘

great idea

意味 素晴らしい考え

実際はこう聞こえる ⇒ **grei dai iya**

Listen carefully!

ゆっくり ▶ ナチュラル
CD 15

① なんて素晴らしいアイデアなんだ！
What a great idea!
grei dai iya

② グレープフルーツの前にチョコレートを食べるなんて、いったい誰のアイデアだったんだい？
Whose great idea was it to eat chocolate before the grapefruit?
grei dai iya

③ 世界は偉大なアイデアで満ちている。
The world is full of great ideas.
grei dai iyas

④ どこからそんなすごいアイデアが浮かんだんだい？
Where do such great ideas come from?
grei dai iya

⑤ それは結局それほどすごいアイデアでなかった。
That wasn't such a great idea after all.
grei dai iya

そう聞こえるのはナゼか？

great idea は文字通り「素晴らしいアイデア」のことですが、皮肉に使われる場合も多いです。例えば What great idea was it to go surfing after the typhoon.（台風の後にサーフィンをやるなんて、とてもいいアイデアだったね）というように。

第1位 [t] 集中耳トレ㉙

center 意味 中央

実際はこう聞こえる ➡ **sen er**

Listen carefully!

ゆっくり ▶ ナチュラル
CD 16

① 彼女はいつも注目を浴びたがっている。
She always wants to be the center of attention.
　　　　　　　　　　　　　　　　 sen er

② 彼はセンターフォワードでプレーした。
He played center forward.
　　　　　　　sen er

③ チョコレートの真ん中にキャラメルクリームがついています。
There's caramel cream in the center of the chocolate.
　　　　　　　　　　　　　　　　　sen er

④ 3つの課題が消費税議論の争点だった。
Three issues were at the center of the sales-tax debate.
　　　　　　　　　　　　　　 sen er

⑤ 彼らはホームセンターで働いている。
They work at the Home Center.
　　　　　　　　　　　　 sen er

そう聞こえるのはナゼか？

center はカタカナでも「センター」と一般的によく使われる語ですが、nとeの間のtは実際はほとんど聞こえません。他にも例えば counted も同じように coun ed と聞こえます。

第1位 [t] 集中耳トレ ㉚

postman

意味 郵便配達人

実際はこう聞こえる ➡ **pos man**

Listen carefully! ゆっくり ▶ ナチュラル CD 16

① 郵便配達さんは2時頃に来ます。
The postman comes at around two o'clock.
     pos man

② あなたは郵便配達さんを見ましたか？
Have you seen the postman?
                  pos man

③ ポストマンとメールマンは同じですか？
Is postman and mailman the same?
   pos man

④ 手紙を届けるのが女性であってもポストマンと呼びますか？
Is a woman mail carrier called a postman, too?
                                     pos man

⑤ ヘイ！ ミスターポストマン！
Hey, Mr. Postman!
        pos man

そう聞こえるのはナゼか？

postman は誰もが知っている郵便配達の人のことですが、これも実際は t が聞こえません。他にも postmark（消印）、post-Noda（野田政権の後）、postmodern（ポストモダン）など日常でもよく聞きますね。ちなみに mailman（郵便配達人）はアメリカでよく使われます。

エクササイズ

CD 17 を聞いて、(　) の中に適当な語句を入れ、文を完成させましょう。

1. (　　)(　　) really wanted the pink jacket.

2. It's not (　　)(　　) shopping bag, it's about saving the planet!

3. He finally (　　)(　　) when his mother became angry.

4. You (　　)(　　) wear a suit.

5. (　　)(　　) the doctor tell you?

解答・訳

1. (**But**)(**I**) really wanted the pink jacket.
   でもピンクのジャケットが欲しかったの。

2. It's not (**about**)(**a**) shopping bag, it's about saving the planet!
   買い物袋のことではなく、地球を救うのです。

3. He finally (**got**)(**up**) when his mother became angry.
   母親が怒りだし、ようやく彼は起きた。

4. You (**had**)(**better**) wear a suit.
   スーツを着ていった方がよい。

5. (**What**)(**did**) the doctor tell you?
   医者は君に何て言ったの？

CD 18 を聞いて、（　）の中に適当な語句を入れ、文を完成させましょう。

1. I'll (　　　)(　　　)(　　　　) when I have more time.

2. Please (　　　)(　　　) me what it means.

3. (　　　)(　　　) about to tell you is top secret, OK?

4. She (　　　)(　　　) fishnet tights.

5. (　　　)(　　　) after the police pulled you over?

解答・訳

1. I'll (**think**)(**it**)(**over**) when I have more time.
   もっと時間があるときに考え直します。

2. Please (**don't**)(**ask**) me what it means.
   それが何の意味か私に聞かないでください。

3. (**What**)(**I'm**) about to tell you is top secret, OK?
   これから言うことはトップシークレットだ、いいかい？

4. She (**put**)(**on**) fishnet tights.
   彼女は網タイツをはいた。

5. (**What**)(**happened**) after the police pulled you over?
   警官に引き止められて、その後どうなったんだい？

エクササイズ

CD 19 を聞いて、( ) の中に適当な語句を入れ、文を完成させましょう。

1. I ( ) ( ) out for very long this time.

2. ( ) ( ) help you fold that umbrella.

3. Who's ( ) ( ) water the lawn?

4. The boss ( ) ( ) cut our overtime again.

5. I used to be a ( ) forward on the hockey team.

解答・訳

1. I (**won't**) (**be**) out for very long this time.
   今度はそれほど長く外にはいないので。

2. (**Let**) (**me**) help you fold that umbrella.
   その傘を折り畳んで差し上げましょう。

3. Who's (**going**) (**to**) water the lawn?
   誰が芝生に水をやるの?

4. The boss (**wants**) (**to**) cut our overtime again.
   上司がまた私たちの残業を切りたがっている。

5. I used to be a (**center**) forward on the hockey team.
   私はかつてホッケーのチームでセンターフォワードでした。

第2位
[d]

第2位 [d] 集中耳トレ ①

had to
意味　〜しなければならない

実際はこう聞こえる ▶ **ha da**

Listen carefully!

ゆっくり ▶ ナチュラル

CD **20**

① 彼は行かなければならなかった。
He **had to** go.
　　 ha da

② 彼女はパリに行かなければならなかった。
She **had to** leave for Paris.
　　　ha da

③ 最新のアイフォンを買わずにはいられなかった。
I just **had to** buy the latest iPhone.
　　　　ha da

④ 彼らには最初からチャンスなどなかった。
They never **had a** chance.
　　　　　 ha da

⑤ 僕にはまだ2、3分残っていました。
I **had a** few minutes left.
　 ha da

そう聞こえるのはナゼか？

had to は have to（〜しなければならない）の過去形です。had は d が次に来る to とくっついて、ha da と聞こえます。

第2位 [d] 集中耳トレ❷

good afternoon

意味 こんにちは

実際はこう聞こえる ▶ **guh dafter noon**

Listen carefully!

ゆっくり ▶ ナチュラル
CD 20

① こんにちは。
Good afternoon, sir.
guh dafter noon

② 彼、今朝私に「こんにちは」って言ったよ。
He said good afternoon to me this morning!
guh dafter noon

③ よい午後を！
I wish you a good afternoon.
guh dafter noon

④ マリー、こんにちは！
Well, good afternoon Marie!
guh dafter noon

⑤ あなたもよい午後を。
Good afternoon to you, too.
guh dafter noon

そう聞こえるのはナゼか？

人と出会ったり別れる際に使う定番のあいさつです。goodのdの音はあとに続くaとつながり、guh dafter noonと聞こえます。聞き慣れたら、自分でも声にだして言ってみましょう。

第2位 [d] 集中耳トレ ❸

told you

意味 あなたに話した

実際はこう聞こえる ➡ **tol ju**

Listen carefully!　　　　　　　　　ゆっくり ▶ ナチュラル

CD 21

① 私はあなたにそう話しましたよ。
I told you so.
　　tol ju

② 彼女があなたにそうなるって話しました。
She told you that would happen.
　　　tol ju

③ それはやめてって何度言ったらわかるの！
How many times have I told you not to do that!
　　　　　　　　　　　　　tol ju

④ 彼女、君にもう話したかな？
Has she told you yet?
　　　　tol ju

⑤ 彼らがやめろって言ったよ。
They told you to stop.
　　　tol ju

そう聞こえるのはナゼか？

told の d と you の y が連結して j の音が生まれます。told の l の音も非常に控えめな音にしか聞こえませんので、told you の２語でまとめて耳を慣らしておきましょう。

第2位 [d] 集中耳トレ ④

glad you

意味 あなたのおかげで嬉しい

実際はこう聞こえる ➡ **gla ju**

Listen carefully!

ゆっくり ▶ ナチュラル
CD 21

① あなたが行ってよかった。
I'm so glad you went.
　　　　gla ju

② あなたがどれだけ私を喜ばせてくれたかわかる？
Do you know how glad you made me?
　　　　　　　　　　gla ju

③ 彼の贈り物を気に入ってくれて嬉しい。
He's glad you liked his gift.
　　　gla ju

④ 来てくれて嬉しい！
'Glad you could come!
　gla ju

⑤ あなたが彼に話してくれて彼女は嬉しかった。
She's glad you told him.
　　　gla ju

そう聞こえるのはナゼか？

48ページの told you と同じパターンで、あいさつが頻繁に交わされる英語圏では glad you も超頻出、しかも早口に言われることも多くありますので、耳に定着させてください。

第2位 [d] 集中耳トレ ❺

mind your

意味 あなたの〜を気にせよ

実際はこう聞こえる ▶ **my en jer**

Listen carefully!

CD 22　ゆっくり ▶ ナチュラル

① お行儀よくしなさい。
Mind your manners.
　my en jer

② ほっといてくれ！
Mind your own business!
　my en jer

③ 言葉づかいに気をつけなさい！
Mind your language!
　my en jer

④ お行儀よくしなさい。
Remember to mind your Ps and Qs.
　　　　　　　　 my en jer

⑤ 段差に気をつけて。
Please mind your step.
　　　 my en jer

そう聞こえるのはナゼか？

Don't mind.（ドンマイ）は和製英語です。正しくは Don't worry.（ドンマイ、心配しないで）なので注意してください。例文4の mind your Ps and Qs は p と q の形が混同しやすいことから「気をつけろ」→「言葉遣いに注意」→「行儀よく」という意味になったと言われます。

第2位 [d] 集中耳トレ ❻

I'd like

意味 私は〜ほしい

実際はこう聞こえる ➡ **ai dlai(k)**

Listen carefully!

ゆっくり ▶ ナチュラル
CD 22

❶ アイスコーヒーをください。
I'd like an iced coffee, please.
ai dlai(k)

❷ これは私たちの秘密にしてほしい。
I'd like for you to keep this between us.
ai dlai(k)

❸ おかわりをください。
I'd like another helping.
ai dlai(k)

❹ 午後2時に電話をいただきたい。
I'd like a phone call at two in the afternoon.
ai dlai(k)

❺ 完全なプライバシーをください。
I'd like complete privacy, please.
ai dlai(k)

そう聞こえるのはナゼか？

I'd like 〜はレストランでの注文や予約の電話など、あらゆるシチュエーションで使える表現です。

第2位 [d] 集中耳トレ ⑦

old job

実際はこう聞こえる ▶ **ol' job**

意味 伝統職／前職／こだわりのない仕事

Listen carefully!

ゆっくり ▶ ナチュラル

CD 23

① 私はもとの仕事に戻りたいです。
　I'd like my old job back.
　　　　　　　 ol' job

② どんな仕事でもいいです。
　Any old job will do.
　　　 ol' job

③ それは前の仕事だよ！　今は新しいことをやってるよ。
　That's my old job! I'm doing something new now.
　　　　　　ol' job

④ それは伝統的な職業の1つです。
　That's an old job.
　　　　　　ol' job

⑤ 前にやっていた仕事はどう？
　How about your old job?
　　　　　　　　　 ol' job

そう聞こえるのはナゼか？

old job には「前職」「伝統的な仕事」「こだわりのない仕事」という3つの意味があり、いろいろなシーンで聞きます。

第2位 [d] 集中耳トレ ⑧

fed up 　意味　うんざり

実際はこう聞こえる ➡ **fe dup**

Listen carefully!

ゆっくり ▶ ナチュラル
CD 23

① こんな無意味なこと、もううんざり！
I'm fed up with all this nonsense!
　　fe dup

② もう限界じゃない？
Aren't you fed up yet?
　　　　　　fe dup

③ 君はまだあきらめるべきじゃないよ。
You shouldn't get fed up just yet.
　　　　　　　　　fe dup

④ 彼女は息子に手を焼いています。
She's fed up with her son.
　　　fe dup

⑤ 上司に愛想つかされてしまった。
The boss is fed up with me.
　　　　　　fe dup

そう聞こえるのはナゼか？

fed の d が up とつながって fe dup と聞こえます。fed は feed（食事を与える）の過去分詞形で、絶えず何かが供給されている状態→飽き飽きという意味にも発展、「疲れる」「あきらめる」など多くの意味を持ちます。

第2位 [d] 集中耳トレ ❾

gold 意味 金

実際はこう聞こえる ➡ **gol**

Listen carefully!

ゆっくり ▶ ナチュラル
CD 24

❶ 金魚の様子はどうですか？
How's the goldfish?
　　　　　gol

❷ 彼はドル箱の上に座っています！
He's sitting on a goldmine!
　　　　　　　　　gol

❸ 最近は金１オンスどれほどになるのですか？
How much is an ounce of gold these days?
　　　　　　　　　　　　gol

❹ 私は映画『ゴールドフィンガー』が大好きです。
I love the movie Goldfinger.
　　　　　　　　　gol

❺ 銀ですか、金ですか？
Silver or gold?
　　　　　gol

そう聞こえるのはナゼか？

ゴールドは日本語でも使いますが、発音には注意が必要です。最後のdはほとんど喉の奥で飲み込むような発音になって聞こえません。

第2位 [d] 集中耳トレ⑩

find 意味 ～を見つける

実際はこう聞こえる ➡ **fah in**

Listen carefully!

ゆっくり ▶ ナチュラル
CD 24

① 私の鍵がまた見つからない。
I can't find my keys again.
　　　　fah in

② よく切れるハサミはどこで見つかりますか？
Where can I find a pair of sharp scissors?
　　　　　　　fah in

③ それは本当の掘り出し物でした。
It was a real find.
　　　　　　　fah in

④ 彼はついに自分の道を見つけることができました。
He could finally find his way.
　　　　　　　　fah in

⑤ あなたは手引書を見つけなければなりません。
You have to find the manual.
　　　　　　fah in

そう聞こえるのはナゼか？

find の d はしっかりと発音されることはなく、d を飲み込むように fin と発声されます。find は動詞（～を見つける）と名詞（掘り出し物）の意味がありますので覚えておきましょう。

第2位 [d] 集中耳トレ ⑪

used

意味 使った／使い古された

実際はこう聞こえる ➡ **yooz**

Listen carefully!

ゆっくり ▶ ナチュラル
CD 25

① 私は中古の車を買いました。
I bought a used car.
　　　　　　yooz

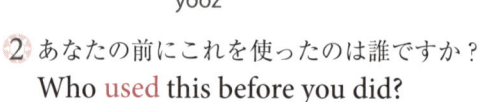

② あなたの前にこれを使ったのは誰ですか？
Who used this before you did?
　　　yooz

③ この厳しい状況に私は慣れています。
I'm used to such harsh conditions.
　　　yooz

④ 私は利用されました。
I was used.
　　　yooz

⑤ 彼女はかつてスーパーモデルでした。
She used to be a supermodel.
　　　yooz

(((そう聞こえるのはナゼか？)))

used と過去・過去分詞形になっていますが、d は発音されず yooz になります。形容詞、名詞、動詞と、オールマイティに使える単語です。

第2位 [d] 集中耳トレ ⑫

iced 意味 冷たい

実際はこう聞こえる ➡ **ice(t)**

Listen carefully!

ゆっくり ▶ ナチュラル
CD 25

① アイスティーをください。
I'd like iced tea please.
　　　　ice(t)

② 缶がぬるいです。冷やしてください。
The cans are lukewarm. Please have them iced.
　　　　　　　　　　　　　　　　　　　　　　ice(t)

③ アイスコーヒーがアメリカではあまり飲まれないって本当ですか？
Is it true that iced coffee is not regularly drunk in the USA?
　　　　　　　　ice(t)

④ "iced tea" の代わりに "ice tea" と言うことはできますか？
Can I say "ice tea" instead of "iced tea"?
　　　　　　　　　　　　　　　　　　ice(t)

そう聞こえるのはナゼか？

例文4の質問文に答えますと、"ice tea" は正確には frozen tea（凍った茶）のことを指しますので注意が必要です。ただ聞こえ方としては、"iced tea" は d の音が消え ice tea と聞こえますので、話し言葉では通じます。

第2位 [d] 集中耳トレ ⑬

baked 意味 焼いた

実際はこう聞こえる ➡ **bay kt**

Listen carefully! ゆっくり▶ナチュラル CD 26

① 焼きいもをください。
I'd like the baked potato, please.
　　　　　　　bay kt

② あなたは私のためにケーキを焼いたの？　ワオ〜！
You baked a cake for me? Wow!
　　　bay kt

③ それはまだ半分しか煮詰まっていないアイデアなんです。
That's a half-baked idea.
　　　　　　　bay kt

④ 熱い太陽が土壌を乾かしました。
The hot sun baked the soil dry.
　　　　　　　bay kt

⑤ 彼女はその古いオーブンでレーズンパンを焼きました。
She baked the raisin bread in that old oven.
　　　bay kt

そう聞こえるのはナゼか？

過去形 ed を d（ド）ではなく t（トゥ）と発音するパターンです。レストランや料理で必須の単語ですので、ここで耳を慣らしましょう。

第2位 [d] 集中耳トレ ⑭

cooked

意味 料理した／調理された〜

実際はこう聞こえる ➡ **cookt**

Listen carefully!

ゆっくり ▶ ナチュラル
CD 26

① よく火を通してくださいね。
Please have it cooked well.
　　　　　　　　cookt

② 今朝は誰が朝食をつくった？
Who cooked breakfast this morning?
　　　cookt

③ こちらの牡蠣は調理されているの、それとも生？
Are your oysters cooked or raw?
　　　　　　　　　cookt

④ 彼らは帳簿を不正しました。
They cooked the books.
　　　cookt

⑤ 心配ないさ、彼はいいアリバイを用意している。
Don't worry, he's cooked up a good alibi.
　　　　　　　　　　cookt

(((**そう聞こえるのはナゼか？**)))

cook（料理する）の過去形 ed も t と発音します。

第2位 [d] 集中耳トレ ⑮

asked

意味 求めた／尋ねた

実際はこう聞こえる ➡ **ask(t)**

Listen carefully!

ゆっくり ▶ ナチュラル
CD 27

① 彼は最初に許可を求めました。
He **asked** for permission first.
　　ask(t)

② ただ訊いただけ、それだけよ。
I simply **asked**, that's all!
　　　　 ask(t)

③ 彼女はもっとココアが欲しくないか私に訊いた。
She **asked** if I wanted more hot chocolate.
　　 ask(t)

④ 彼はマリーに結婚してほしいと言った。
He **asked** Marie to marry him.
　 ask(t)

⑤ 彼女が彼を誘ったわ！
She **asked** him out!
　　 ask(t)

そう聞こえるのはナゼか？

過去形 ed の t パターンに慣れましょう。ask は日常会話・旅行会話・ビジネス会話で頻出する重要な単語です。

第2位 [d] 集中耳トレ ⑯

helped

意味 助けた

実際はこう聞こえる ➡ **helpt**

Listen carefully!

ゆっくり ▶ ナチュラル
CD 27

① 私は彼の助けに感謝しました。
I'm so thankful that he helped out.
　　　　　　　　　　　　helpt

② あなたにとても助けられました。
You helped me tremendously.
　　　helpt

③ しょうがない。
It can't be helped.
　　　　　　helpt

④ ひりひりする喉には、熱い蜂蜜とショウガが効くわよ。
Sore throats can be helped with hot honey and ginger.
　　　　　　　　　　　　helpt

⑤ 彼はピザを自分で取りました。
He helped himself to the pizza.
　　　helpt

そう聞こえるのはナゼか？

基本動詞 help も過去形になると意外に聞き取れません。ed → t のパターンをしっかりマスターしましょう。ちなみに英語圏の街角では Help yourself というサインをよく見かけます。これは「ご自由に」という意味です。

第2位 [d] 集中耳トレ ⑰

needed

意味 〜が必要でした

実際はこう聞こえる ▶ **nee di(d)**

Listen carefully!

ゆっくり ▶ ナチュラル
CD 28

① 私はそれが必要でした。ありがとう。
I **needed** that. Thanks.
　　nee di(d)

② 一番いてほしいときに、あなたはどこにいたのよ？
Where were you when I **needed** you the most?
　　　　　　　　　　　　　　　nee di(d)

③ 彼はローンを完済するためにそのお金が必要でした。
He **needed** the money to pay off his loans.
　　　nee di(d)

④ それはまったく必要ではありませんでした。
That wasn't **needed** at all.
　　　　　nee di(d)

⑤ この仕事で僕はもう必要とされていない。
I don't feel **needed** in this job anymore.
　　　　　　　nee di(d)

そう聞こえるのはナゼか？

neededの最後のdはほとんど聞こえません。neededは1語ですが、慣れていないとneeとdidのように2語に聞こえることがありますので文脈に注意してください。

第2位 [d] 集中耳トレ ⑱

invited

意味 招待された

実際はこう聞こえる ➡ **invai di(d)**

Listen carefully!

ゆっくり ▶ ナチュラル
CD **28**

① 私はパーティーに招待されませんでした。
I wasn't invited to the party.
　　　　　invai di(d)

② あなたの兄弟は招待されましたか？
Were your brothers invited as well?
　　　　　　　　　 invai di(d)

③ 彼は夜会に招待されました。
He was invited to a black-tie event.
　　　　 invai di(d)

④ その意見はさらに批判を招くだけでした。
That comment simply invited more criticism.
　　　　　　　　　 invai di(d)

⑤ 歓迎会へのお越しを心よりお待ちしております。
You are cordially invited to attend the reception.
　　　　　　　　 invai di(d)

そう聞こえるのはナゼか？

invite（招待する）という動詞は原形よりも受け身形で使われることが多いので、invited の聞こえ方 invai di を知っておくと役に立ちます。例文5の cordially は「心より／誠意を持って」という意味で invited とセットで使われることが多くあります。

第2位 [d] 集中耳トレ⑲

included 意味 含まれた

実際はこう聞こえる ▶ **inclu di(t)**

Listen carefully!

ゆっくり ▶ ナチュラル
CD 29

① チップは代金に含まれています。
Tips are included in the fee.
　　　　　inclu di(t)

② 私は疎外されている感じです。
I didn't feel included.
　　　　　　inclu di(t)

③ 消費税は含まれていません。
Sales tax is not included.
　　　　　　　inclu di(t)

④ ご購入の際に贈呈品がございます。
We have included a free gift with your purchase.
　　　　inclu di(t)

⑤ 申し訳ありませんが家具はついておりません。
I'm sorry but the furniture is not included, Sir.
　　　　　　　　　　　　　inclu di(t)

そう聞こえるのはナゼか？

include は受け身形で使われることが多く、日本人が間違いやすい単語ですので注意しましょう。受け身になった場合の included の聞こえ方は inclu di(t)。最後の t は聞こえるか聞こえないかくらいの小さな音になります。

第2位 [d] 集中耳トレ⑳

laughed

意味 笑った

実際はこう聞こえる ➡ **laft**

Listen carefully!

ゆっくり ▶ ナチュラル
CD 29

① 私たちは皆ジョークに笑い転げました。
We all laughed and laughed at the joke.
　　　　laft　　　　　laft

② 彼らは私を笑いました。
They laughed at me.
　　　laft

③ 大きな声で笑うしかありませんでした。
I couldn't help but to laugh out loud.
　　　　　　　　　　　　laft

④ 彼はただ恥ずかしい質問に失笑しただけでした。
He simply laughed off the embarrassing question.
　　　　　　laft

⑤ 私に面と向かって笑うなんて彼って信じられないわ！
I can't believe he laughed in my face!
　　　　　　　　　　laft

そう聞こえるのはナゼか？

laugh の過去形も最初は戸惑いますね。過去形 ed が t になるパターンですが、ラフティングの raft（いかだ、ボート）と間違えないように文脈に注意しましょう。

第2位 [d] 集中耳トレ ㉑

jumped

意味 飛んだ

実際はこう聞こえる ⇒ **jumpt**

Listen carefully!

① 私たちは株を買うチャンスに飛びつきました。
We jumped at the chance to buy the stock.
　　　jumpt

② クラス全体がその大きな音に飛び上がりました。
The whole class jumped at the loud sound.
　　　　　　　　　jumpt

③ 彼は証拠もなしに結論までたどりつきました。
He jumped to that conclusion without evidence.
　　jumpt

④ 輸入額が昨年の300パーセントに跳ね上がりました。
The imports jumped by 300 percent last year.
　　　　　　jumpt

⑤ 電車のドアが閉まる直前に私は目を覚まし飛び降りました。
I woke up and jumped off the train just before the
　　　　　　　jumpt
door closed.

そう聞こえるのはナゼか？

jumpの過去形にも気をつけましょう。ed→tと発音されます。また、例文にあるように身体的な「跳ぶ」という意味より遥かに幅の広い表現法がありますので、覚えておきましょう。

第2位 [d] 集中耳トレ ㉒

sandwich

意味 サンドイッチ

実際はこう聞こえる ▶ san wich

Listen carefully!

ゆっくり ▶ ナチュラル
CD 30

① マヨネーズなしのツナサンドをください。
I'd like a tuna sandwich with no mayonnaise.
　　　　　　　　san wich

② 今日はどんなサンドイッチがありますか？
What kind of sandwiches do you have today?
　　　　　　　san wich

③ サンドイッチ島はどこですか？
Where are the Sandwich Islands?
　　　　　　　san wich

④ イギリスと日本のサンドイッチはパンのはじがないことがよくある。
English and Japanese sandwiches are often crustless.
　　　　　　　　　　san wich

⑤ こちらのクラブハウス・サンドイッチには何が入ってる？
What's in your clubhouse sandwich?
　　　　　　　　　san wich

そう聞こえるのはナゼか？

sandwich（サンドイッチ）のdは実際にはほとんど聞こえません。サンドイッチとはイギリスのサンドイッチ伯爵に由来します。

第2位 [d] 集中耳トレ ㉓

played tennis

意味 テニスをした

実際はこう聞こえる ⇒ **play tennis**

Listen carefully!

ゆっくり ▶ ナチュラル
CD 31

① 私たちは先週の週末にテニスをしました。
We played tennis last weekend.
　　　play tennis

② あなたが彼と最後にテニスをしたのはいつでしたか？
When was the last time you played tennis with him?
　　　　　　　　　　　　　　　　play tennis

③ 彼女は厳しいコーチのもとでテニスをプレーしていました。
She played tennis with the strict coach.
　　　play tennis

④ 彼らは公園の新しいコートでテニスをしました。
They played tennis at the new courts in the park.
　　　play tennis

⑤ 誰もテニスをしていません。
Nobody played tennis.
　　　　　play tennis

そう聞こえるのはナゼか？

play の過去形が続く tennis の t に吸収されて、d とも t とも発音されません。原形の play に「ッ」を付け加えたような音になり、喉の奥で ed を飲み込むようなイメージ。ちなみにテニスコートの種類には clay（土）、hard（アスファルト）、grass（芝）、artificial turf（人工面）があります。

第2位 [d] 集中耳トレ ㉔

heard of it

意味 〜を聞いた

実際はこう聞こえる ➡ **her dovit**

Listen carefully!

ゆっくり ▶ ナチュラル
CD 31

① 私はそんなこと聞いたことがありません。
I've never heard of it.
　　　　　　her dovit

② 誰か前に聞いたことがある人はいますか？
Has anybody heard of it before?
　　　　　　　her dovit

③ 彼はそれについて聞いたことがありましたが、ずいぶん昔のことでした。
He said that he's heard of it but that it was a long time ago.
　　　　　　　　　her dovit

④ 聞いたことがある人？
Who's heard of it?
　　　　her dovit

⑤ 彼女はそれについて聞いたことがある唯一の人です。
She was the only person who had heard of it.
　　　　　　　　　　　　　　　　　　her dovit

そう聞こえるのはナゼか？

hear の過去形は「ヒヤード」ではありませんので、音声をよく聞いて注意してください。

第2位 [d] 集中耳トレ㉕

talked 意味 ～に話した

実際はこう聞こえる ➡ **tah kt**

Listen carefully! 〔ゆっくり▶ナチュラル〕 CD 32

① セールスマンは彼にそれを買うように説得しました。
The salesman talked him into buying it.
　　　　　　　 tah kt

② 私たちはカフェが閉まるまで話しつづけた。
We talked and talked until the café closed.
　　 tah kt　　　 tah kt

③ 上司は彼と彼の働きについて話していた。
The boss talked to the employee about his performance.
　　　　　 tah kt

④ 誰が話したの？
Who talked?
　　 tah kt

⑤ 彼女はよくしゃべった！
She talked our ears off!
　　 tah kt

(((そう聞こえるのはナゼか？)))

talk の過去形も t の音が入ります。他に例をあげると wished → wisht、dressed → drest も同じです。

エクササイズ

CD 33 を聞いて、（　）の中に適当な語句を入れ、文を完成させましょう。

1. I (　　)(　　) read all the books before returning them to the library.

2. Well, we're all (　　)(　　) could visit us this year.

3. (　　)(　　) a mug of beer, please.

4. The employees are (　　)(　　) with the new system.

5. It (　　)(　　) be a nice car.

解答・訳

1. I (**had**)(**to**) read all the books before returning them to the library.
   私は図書館に返す前に本を全部読まなければならなかった。

2. Well, we're all (**glad**)(**you**) could visit us this year.
   今年もお越しくださるなんて、みんなとても喜んでおります。

3. (**I'd**)(**like**) a mug of beer, please.
   ビール、ジョッキでください。

4. The employees are (**fed**)(**up**) with the new system.
   新しいシステムに従業員はみんなイラついています。

5. It (**used**)(**to**) be a nice car.
   昔はいい車だったのよ。

エクササイズ

CD 34 を聞いて、(　) の中に適当な語句を入れ、文を完成させましょう。

1. Have you ever tried (　　) pasta? It's delicious!

2. The social worker (　　) the old woman fill out the forms.

3. First we (　　), then we cried.

4. Do you know what the (　　) generation refers to?

5. Not a single person has (　　)(　　)(　　).

解答・訳

1. Have you ever tried (**baked**) pasta? It's delicious!
   ベークドパスタって食べたことある？　おいしいよ！

2. The social worker (**helped**) the old woman fill out the forms.
   社会福祉の方がおばあさんの書類の記入の手助けをした。

3. First we (**laughed**), then we cried.
   最初は笑い、そのあと泣いちゃった。

4. Do you know what the (**sandwich**) generation refers to?
   サンドイッチ世代って何のことか知っている？

5. Not a single person has (**heard**)(**of**)(**it**).
   それについては誰一人と聞いたことがないです。

第3位

[1]

第3位 [1] 集中耳トレ ❶

tell me

意味 私に言って

実際はこう聞こえる ➡ **te ume**

Listen carefully!

ゆっくり ▶ ナチュラル
CD **35**

① 思っていることをぜひ言って。
You must **tell me** what you think.
　　　　　te ume

② なぜ前もって教えてくれなかったんだい？
Why didn't you **tell me** before today?
　　　　　　　　te ume

③ もう一度電話番号を教えてくれる？
Can you **tell me** the telephone number again?
　　　　te ume

④ 知らなかったとは言わないでね！
Don't **tell me** that you didn't know about it!
　　　te ume

⑤ ほんと、ほんと（わかる）！
Tell me about it!
te ume

そう聞こえるのはナゼか？

お馴染みの tell という単語も、me や you など目的語と連結すると、とたんに聞き取りづらくなりますね。この場合の l の音は u のようにしか聞こえないからです。

第3位 [1] 集中耳トレ ❷

will you
意味 〜してくれ

実際はこう聞こえる ➡ **wiu yu**

Listen carefully!

ゆっくり ▶ ナチュラル
CD **35**

① 僕と結婚してくれますか？
Will you marry me?
　wiu yu

② 10年後あなたはどこにいますか？
Where **will you** be in ten years?
　　　　wiu yu

③ 全部天引き後いくらお金が残るの？
How much money **will you** be taking home after all the deductions?
　　　　　　　　wiu yu

④ ほっといてくれる？
Leave me alone, **will you**?
　　　　　　　　wiu yu

⑤ 聞いていただけますか？
Will you please listen?
　wiu yu

((そう聞こえるのはナゼか？))

will you は頻繁に使うフレーズですが、文脈の中で使われるとlの音が聞こえないため、よく戸惑います。先のtellと同様、uの音になることを知っておけば対応できるようになります。例文4は少し怒っているときに使う表現です。

第3位 [1] 集中耳トレ ❸

beautiful

意味 美しい

実際はこう聞こえる ➡ **be yutee fuw**

Listen carefully!

ゆっくり ▶ナチュラル

CD 36

① わあ、きれいな花！
What a beautiful flower!
　　　be yutee fuw

② 彼女はとても素晴らしい性格なのです。
She has such a beautiful personality.
　　　　　　　　be yutee fuw

③ その山の中の風景はきわめて美しかった。
The scenery was beautiful up in the mountains.
　　　　　　　　be yutee fuw

④ あの演説は素晴らしかったね！ 感動しました。
That speech was beautiful! I was inspired.
　　　　　　　　be yutee fuw

⑤ 私たちのために最前列の席を取ってくれたの？ 素晴らしい。
You got us seats in the front row? Beautiful!
　　　　　　　　　　　　　　　　be yutee fuw

そう聞こえるのはナゼか？

beautiful は日常・ビジネスのいろんなシーンで使います。You got another parking ticket? Beautiful! またキップ（違反）を切られた？ もう嬉しくなっちゃうよ！（苦笑）という風に、ときに皮肉っぽく使うこともあるので注意が必要です。

第3位 [1] 集中耳トレ ❹

hospital

意味 病院

実際はこう聞こえる ➡ **hospi tou**

Listen carefully!

ゆっくり ▶ ナチュラル
CD 36

① 私は今日の午後に病院へ行かなければなりません。
I have to go to the hospital this afternoon.
　　　　　　　　　　　　　 hospi tou

② どちらの病院にあなたのお祖母さまはいらっしゃいますか？
Which hospital is your grandmother in?
　　　　 hospi tou

③ 子ども病院の待合室は混み合っていました。
The waiting room in the children's hospital was crowded.
　　　　　　　　　　　　　　　　　　 hospi tou

④ この病院にはどのくらいの医者と看護師がいますか？
How many doctors and nurses do you have in this hospital?
hospi tou

⑤ あなたはご自分の医療記録をお持ちいただかなくてはなりません。
You'll have to bring your hospital records.
　　　　　　　　　　　　　 hospi tou

そう聞こえるのはナゼか？

hospital の tal の部分を taru と言わないように気をつけてください。tou で練習しましょう。

apple 意味 リンゴ

第3位 [1] 集中耳トレ ❺

実際はこう聞こえる ➡ **ap oh**

Listen carefully!

ゆっくり ▶ ナチュラル
CD 37

① 1日に1つリンゴを食べると、医者要らずです。
An apple a day keeps the doctor away.
　　ap oh

② 私はリンゴ酢が好きです。
I love apple vinegar.
　　　　ap oh

③ 手づくりのアップルパイって最高ね！
Homemade apple pie is the best!
　　　　　　ap oh

④ 中国は世界で最も大きなりんごの製造拠点です。
China is the world's biggest apple producer.
　　　　　　　　　　　　　　ap oh

⑤ 日本でオーガニックのリンゴを見つけるのは難しいです。
It's so hard to find organic apples in Japan.
　　　　　　　　　　　　　　ap oh

そう聞こえるのはナゼか？

apple は簡単な単語ですが、発音は実は難しいです。故スティーブ・ジョブズが創業したアップル社や Big Apple（ニューヨーク）など会話にもよく出てきますので慣れておきましょう。ちなみに Big Mikan は「東京」のことです。

第3位 [1] 集中耳トレ ⑥

feel lonely

意味 寂しい

実際はこう聞こえる ⇒ **fee lonely**

Listen carefully!

ゆっくり ▶ ナチュラル
CD 37

① 私はあなたがいないと寂しいです。
I feel lonely when you are away.
　　fee lonely

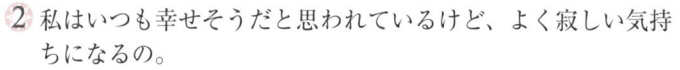

② 私はいつも幸せそうだと思われているけど、よく寂しい気持ちになるの。
People think that I am always happy but I feel lonely quite often.
　　　　　　　　　　　　　　　　　　　　　　　　　　fee lonely

③ どういうときに寂しいと感じますか？
When do you feel lonely?
　　　　　　 fee lonely

④ 君はもう寂しくないよ。僕がいるから。
You won't feel lonely anymore because you have me.
　　　　　fee lonely

⑤ 寂しくなったら外に出てボランディアでもしたら！
If you feel lonely, go out and do some volunteer work!
　　　fee lonely

そう聞こえるのはナゼか？

eel の l と lonely の頭の l がつながって一語のように聞こえます。寂しいにもいろいろあります。Lonesome（不幸で寂しい）、desolate／unpopulated／empty（場所が寂しい）、unaccompanied／alone／solitary（仲間がいなくて寂しい）など。

第3位 [1] 集中耳トレ❼

final 意味 ついに

実際はこう聞こえる ⇒ **fai nul**

Listen carefully!

ゆっくり ▶ ナチュラル
CD 38

① 最後のカウントダウンです！
It's the final countdown!
　　　　fai nul

② それが最後の答えですか？
Is that your final answer?
　　　　　fai nul

③ ソフトウェアの最終バージョンをダウンロードする準備ができました。
The final version of the software is ready for download.
　　　fai nul

④ 私はいま最終の試験の勉強をします。
I'm studying for my final exam right now.
　　　　　　　　　　fai nul

⑤ それが最後だ。
It's final.
　　fai nul

そう聞こえるのはナゼか？

和製英語にもなっているファイナル。でも実際は fai nul という具合に聞こえ、l の音も限りなく小さく、ほぼ聞こえません。

第3位 [1] 集中耳トレ ⑧

always

意味 いつも

実際はこう聞こえる ➡ **aw ayz**

Listen carefully!

ゆっくり ▶ ナチュラル
CD 38

① 僕はずっと君を愛します。
I will always love you.
　　　 aw ayz

② いつも通り、こちらにうかがえてうれしく思います。
As always, it's nice to be here.
　 aw ayz

③ 月はいつもこの方角に上ります。
The moon always rises from this direction.
　　　　　 aw ayz

④ もし作動しなければ、払い戻しのためにいつでもそれを返すことができます。
If it doesn't work, we can always send it back for a refund.
　　　　　　　　　　　　　 aw ayz

⑤ その小料理屋がよくなかったら僕たちはいつでも食べ直すことができます。
We can always eat again later if that bistro is no good.
　　　 aw ayz

(((　そう聞こえるのはナゼか？　)))

always も超頻出語でありながら文脈の中では実際は聞き取りづらいです。l がほとんど聞こえませんので注意してください。

第3位 [1] 集中耳トレ ❾

real

意味 本当の

実際はこう聞こえる ➡ **re oh**

Listen carefully!

ゆっくり ▶ ナチュラル
CD 39

① 本当なんだ。上海に異動になったんだよ。
It's real. I'm being transferred to Shanghai.
　　 re oh

② それ、ホンモノの金、それともニセモノ？
Is it real or fake gold?
　　　 re oh

③ その事業は完全に失敗だった！
The project was a real disaster!
　　　　　　　　　 re oh

④ まさか！
Get real!
　　 re oh

⑤ 彼は不動産屋です。
He's a real estate agent.
　　　　 re oh

そう聞こえるのはナゼか？

文脈の中でよく挟み込まれる real。短いのでよく聞き逃してしまいますが、これも l の音がエルとは決して発音されないためです。意味もいろいろありますので、例文で確認しておきましょう。

第3位 [1] 集中耳トレ ⑩

rule 意味 規則／ルール

実際はこう聞こえる ▶ ruu

Listen carefully!

ゆっくり ▶ ナチュラル
CD 39

① 規則に従いなさい。
Follow the rules.
　　　　　　ruus

② 新しい規則のことを知りませんでした。
I didn't know about the new rules.
　　　　　　　　　　　　　　　　ruus

③ 原則、私はインタビューを受けません。
As a rule, I don't do interviews.
　　　　ruu

④ 午前10時以降だけ、私はメールを確認するというルールにしています。
I make it a rule to check my email only after 10:00am.
　　　　　　　ruu

⑤ ルールがすべてじゃない！
The rules aren't everything!
　　　　ruus

そう聞こえるのはナゼか？

日本語でも rule（規則、ルール）はよく使うだけに、ネイティブの発音に初めは戸惑うことが多いです。l は「ル」ではなく u ～と音を伸ばしながら消えていきますので注意です！

travel 意味 旅

実際はこう聞こえる → **travow**

Listen carefully!

① この冬、中東へ旅行に行く予定です。
I plan to travel to the Middle East this winter.
　　　　　　travow

② 旅はお好きですか？
Do you like to travel?
　　　　　　　travow

③ 彼の声はよく通るね。
His voice travels well.
　　　　　travows

④ 光は音よりも速く進みます。
Light travels faster than sound.
　　　　travows

⑤ 私はいつも旅行用のアイロンを持っていくのよ。
I always carry a travel iron with me.
　　　　　　　　　travow

そう聞こえるのはナゼか？

travel の el は実はほとんど聞こえず、travow となります。和製英語に騙されずに正しい発音で覚えてください。お馴染みの「旅」という意味のほか、「(物が) 移動する、進む」という意味でもよく使われます。

第3位 [1] 集中耳トレ ⑫

small 意味 小さい

実際はこう聞こえる ⇒ **smah**

Listen carefully!

ゆっくり ▶ ナチュラル
CD 40

① 結局、世間は狭いのです。
It's a small world after all.
　　　smah

② ジェラートを小サイズでください。
I'll have a small scoop of the gelato, please.
　　　　smah

③ そのレストランは盛りがわるい（量が少ない）。
The portions at that restaurant are small.
　　　　　　　　　　　　　　　　smah

④ なんて小さな犬でしょう！
What a small dog!
　　　smah

⑤ その曲を聴いたとき、子どもたちが小さかったときを思い出す。
When I hear that song, I think of when the kids were small.
　　　　　　　　　　　　　　　　　　　　　　　smah

((そう聞こえるのはナゼか？))

意外に聞き取れないsmall。これもlの音の消失で、英語特有の息を強く吐き出す発声によって変化します。

第3位 [1] 集中耳トレ ⑬

I'll 意味 私は〜（未来）

実際はこう聞こえる ➡ **aiow**

Listen carefully!

ゆっくり ▶ ナチュラル
CD 41

① 修理ができるか見てみよう。
I'll see if we can fix that.
aiow

② 今日私と来てくれたら、明日あなたと一緒に行ってあげる。
If you'll come with me today, I'll go with you tomorrow.
　　　　　　　　　　　　　　　　aiow

③ わかった。もっとカードを印刷しておくよ。
OK, then I'll print up some more cards.
　　　　　aiow

④ ええ、それを見たら私は信じるわ。
Well, I'll believe it when I see it.
　　　　aiow

⑤ それじゃあ、あなたの代わりにそれを食べるよ。
Then I'll eat it instead of you!
　　　　aiow

そう聞こえるのはナゼか？

I'llは未来の意思を示すwillを使ったI + willの省略形で、会話で頻出。決して「アイル」とは言いませんので、例文で耳を慣らしておきましょう。

第3位 [1] 集中耳トレ ⑭

it'll

意味 それは〜（未来）

実際はこう聞こえる ➡ **i(t) oo**

Listen carefully!

ゆっくり ▶ ナチュラル
CD 41

① タクシーが来る頃にはもう手遅れです。
   It'll be too late by the time the taxi comes.
   i(t) oo

② 私を信じて。必ずよくなるから。
   Trust me, it'll get better.
            i(t) oo

③ 終わりよければすべてよし、になるよ。
   It'll come out OK in the end.
   i(t) oo

④ わるいけど、僕の見方ではそれは無駄だ！
   Sorry but in my opinion, it'll never work!
                           i(t) oo

⑤ とりあえずこれでOK。
   It'll do for now.
   i(t) oo

そう聞こえるのはナゼか？

it'll は it + will と it + shall 両方の省略形です。I'll 同様、よく使いますので、あわてず未来のことを示していることを念頭に置きながら続く文脈を聞き取りましょう。

第3位 [1] 集中耳トレ ⑮

ball 意味 ボール

実際はこう聞こえる ▶ **baul**

Listen carefully! ゆっくり▶ナチュラル CD 42

① 毛糸が一玉。
A ball of yarn.
　baul

② 次はあなたの番だよ。
The ball is in your court now.
　　baul

③ ボールから目を離さないで。
Keep your eyes on the ball.
　　　　　　　　　　baul

④ そのウェイターは仕事ができる。
That waiter is always on the ball.
　　　　　　　　　　　　baul

⑤ 誕生日パーティーは超楽しかった！
We had a ball at the birthday party!
　　　　　baul

そう聞こえるのはナゼか？

スポーツでお馴染みの ball（ボール）は日本語の通りには聞こえません。スポーツ以外にもいろいろな意味で使われますので、うまく使いこなせるようになりましょう。

第3位 [1] 集中耳トレ ⑯

milk 意味 ミルク

実際はこう聞こえる ➡ **miuk**

Listen carefully!

ゆっくり ▶ ナチュラル
CD 42

① 牛乳の残りを飲んでね、ダーリン。
Drink the rest of your milk, Darling.
　　　　　　　　　　　　　　miuk

② ココナッツミルクはあまり好きではありません。
I don't care for coconut milk.
　　　　　　　　　　　　　　miuk

③ そんな風にお金を搾り取るのはやめるべきだわ。
You should stop milking the system like that.
　　　　　　　　　　miukin

④ そのタブロイド紙はあらゆる角度からそのネタを記事にした。
The tabloids milked the story in every possible way.
　　　　　　　miuk(t)

⑤ 覆水盆(ふくすいぼん)に返らず。
It's no use crying over spilled milk.
　　　　　　　　　　　　　　　miuk

そう聞こえるのはナゼか？

意外に聞き取れない単語 milk です。でもここで練習しておけばもう大丈夫。例文4はあるネタをあらゆる角度からフォーカスして紹介し尽くしたという意味で、milk の絞りあげて（使い尽くして）というイメージで使われます。

pool 意味 プール

実際はこう聞こえる → puhl

Listen carefully!

①子ども向けのスイミングプールはあちらです。
The swimming pool (puhl) over there is for kids.

②一緒にお金を貯めて、ライトバンを買いましょう。
Let's pool (puhl) our money and buy a van.

③彼らは新しいプロジェクトのためのグラフィックデザイナー要員です。
They belong to the pool (puhl) of graphic designers for the new project.

④モータープールで左に曲がって。
Turn left at the motor pool (puhl).

⑤ちょっとビリヤードでもどう？
Do you feel like shooting a little pool (puhl)?

そう聞こえるのはナゼか？

pool はいわゆる水の入った「プール」意外にいろいろな意味で使われます。上の例文の他にも a pool of blood（血の海）、a pool of light from a lamppost（街灯からこぼれる光溜まり）など、発音と一緒に覚えておくと英会話に役立ちます。

第3位 [1] 集中耳トレ ⑱

simple

意味 単純な

実際はこう聞こえる ➡ **simpo**

Listen carefully!

ゆっくり ▶ ナチュラル
CD **43**

① 答えは実はとても単純なものです。
The answer is actually quite simple.
　　　　　　　　　　　　　　　simpo

② 私はシンプルなスマートフォンが欲しいです。
I'd like a simple smartphone.
　　　　　　simpo

③ 彼女はすきっとした白いシャツを着ていました。
She was wearing a simple white shirt.
　　　　　　　　　　simpo

④ 私はただの僧侶にすぎませんので、それについてはわからないと思います。
I'm just a simple Buddhist monk so I wouldn't know about that.
　　　　　　simpo

⑤ 純然たる真実なのです。
It's the simple truth.
　　　　　simpo

そう聞こえるのはナゼか？

l が変化する頻出語に simple もランク入り。シンプルの「ル」は世界中どこに行っても聞こえませんので、あらかじめ慣れておきましょう。

第3位 [1] 集中耳トレ⑲

all 意味 すべて

実際はこう聞こえる ➡ **aw**

Listen carefully!
ゆっくり ▶ ナチュラル
CD 44

① 優しくしてほしいだけ。
All I want is some gentleness.
aw

② ぜんぶ食べたの？
You ate it all?
aw

③ 細部にいろいろと詰まっている。
It's all in the details.
aw

④ お家までずーとおしゃべりして帰ったの。
We talked all the way home.
aw

⑤ 世界中のお金！
All the money in the world!
aw

そう聞こえるのはナゼか？

日本でも和製英語として使いますので非常に馴染みが深い all。しかし実際には aw という尻すぼみな聞こえ方をします。

第3位 [1] 集中耳トレ ⑳

cell 意味 細胞、携帯電話

実際はこう聞こえる ➡ **se oh**

Listen carefully!

ゆっくり ▶ ナチュラル
CD 44

① 私の携帯電話、見てない？
　Have you seen my cellphone?
　　　　　　　　　　　se oh

② 携帯を充電器に入れてきた。
　I left my cell in the cradle.
　　　　　　se oh

③ 科学部で細胞の勉強をしています。
　I'm studying cells in the science department.
　　　　　　　se ohs

④ マンデラは小さな監房に長く居た。
　Mandela stayed in a small cell for a long time.
　　　　　　　　　　　　　　　se oh

⑤ そのテロ組織については今朝の新聞で読んだ。
　I read about the terrorist cell in this morning's newspaper.
　　　　　　　　　　　　　　se oh

そう聞こえるのはナゼか？

携帯電話の普及によって cell phone という語句は浸透しました。ただ、こちらも l の音は極めて尻すぼみで、se oh といった感じで発音されますので要注意です。

エクササイズ

CD 45 を聞いて、（　）の中に適当な語句を入れ、文を完成させましょう。

1. Can someone at the concierge (　　)(　　) where the theater is located?

2. (　　)(　　) please pick me up some memo pads?

3. The (　　) stages of negotiations have begun.

4. The (　　) problem is in the networks.

5. Please tell him (　　) see him tonight.

解答・訳

1. Can someone at the concierge (**tell**)(**me**) where the theater is located?
   コンシェルジュの方で劇場の場所を教えてくださる方はいますか？

2. (**Will**)(**you**) please pick me up some memo pads?
   メモ帳を買って来てくれる？

3. The (**final**) stages of negotiations have begun.
   交渉は最終段階に入りました。

4. The (**real**) problem is in the networks.
   問題の本質はネットワークにあるのだ。

5. Please tell him (**I'll**) see him tonight.
   今晩会いましょうと彼にお伝えください。

第4位

[S]

第4位 [s] 集中耳トレ ❶

nose 意味 鼻

実際はこう聞こえる ▶ **nouz**

Listen carefully!

ゆっくり ▶ ナチュラル
CD 46

① 鼻をかまなければならない。
I have to blow my nose.
　　　　　　　　　　nouz

② そんなおべっかはやめてよ！
Stop being such a brownnose!
　　　　　　　　　　　　nouz

③ 犬は鼻が利くのよ。
Most dogs have a keen nose.
　　　　　　　　　　　　nouz

④ その編集者はベストセラーの種をかぎわけるのがうまい。
The editor has a nose for manuscripts that become
bestsellers.　　　nouz

⑤ 新しい航空機の先端は丸まってなく、鋭い。
The nose of the new airplane is sharp, not rounded.
　　　nouz

そう聞こえるのはナゼか？

sにはsの音とzの音があり、単語によってまちまちです。文字では知っている単語でも発音には注意しましょう。

第4位 [s] 集中耳トレ ❷

bees 意味 ハチ

実際はこう聞こえる ➡ **beez**

Listen carefully!

ゆっくり ▶ ナチュラル
CD 46

① 私たちは性について話をしました。
We talked about the birds and the bees.
　　　　　　　　　　　　　　　　　　beez

② 蜜蜂がどこかへ行ってしまった！
The honeybees are disappearing!
　　　　beez

③ 農家には蜂が必要です。
Farmers need bees.
　　　　　　　beez

④ 私たちはいくつかのキルトの集まりに入っている。
We belong to several quilting bees.
　　　　　　　　　　　　　　　　beez

⑤ 彼は蜂が恐いの。小さい蜂さえね。
He's afraid of bees, even little ones.
　　　　　　　　beez

そう聞こえるのはナゼか？

bees の s は「ス」ではなく「ズ」と聞こえます。ハチ (bee) が大群になって (bees) 飛ぶことから複数形の bees には「集まり」という意味もあります。例文1のように birds and the bees（性の基礎知識）という表現でも使われます。

第4位 [s] 集中耳トレ ❸

legs 意味 脚

実際はこう聞こえる ➡ **legz**

Listen carefully! ゆっくり ▶ ナチュラル CD 47

① 彼女は新しい電気カミソリで脚を剃りました。
She shaved her legs with the new electric razor.
　　　　　　　　legz

② テーブルには短い脚がついています。
The table has short legs.
　　　　　　　　　legz

③ この旅には3つの行程があります。
There are three legs to this trip.
　　　　　　　legz

④ 壁を乗り越えるから私の足を押し上げてもらえますか？
Would you help me get my legs over the wall?
　　　　　　　　　　　　　　legz

⑤ 彼が最後の頼りでした。
He was on his last legs.
　　　　　　　　legz

そう聞こえるのはナゼか？

思わず legs（〜ス）と言ってしまいそうですが、legz（〜ズ）が正しいです。人間の脚は2本ありますので、「脚」「足」と言う場合は決まって複数形になります。

第4位 [s] 集中耳トレ ❹

sisters

意味 姉妹

実際はこう聞こえる ➡ **sis terz**

Listen carefully!

ゆっくり ▶ ナチュラル
CD 47

① 私には4人の姉妹がいます！
I have four sisters!
　　　　　　　sis terz

② 下の妹2人が最近結婚しました。
Two of my younger sisters recently got married.
　　　　　　　　　　　 sis terz

③ あのデュオは姉妹です。
The duo are sisters.
　　　　　　 sis terz

④ 修道院にはたくさんの修道女たちがいました。
There were many sisters in the convent.
　　　　　　　　 sis terz

⑤ やあ！どうしてた？
Hey, Sisters! How have you all been?
　　　　 sis terz

(((そう聞こえるのはナゼか？)))

sister の複数形も間違いやすいので注意してください。会話内では"younger sister" や "older sister" と言う必要はありません。例文5の Hey, Sister! は、仲のよい仲間同士（女性）の挨拶でよく使われる表現です。

第4位 [s] 集中耳トレ⑤

kisses

意味 口づけ／キス

実際はこう聞こえる **kiss ez**

Listen carefully!

ゆっくり ▶ ナチュラル

CD 48

① 彼は彼の赤ちゃんにたくさんキスをしました。
He gave his baby a whole lot of kisses.
　　　　　　　　　　　　　　　　　　kiss ez

② 彼女はでかける前に私に2、3回投げキッスをしました。
She blew me a few kisses before she left for good.
　　　　　　　　　kiss ez

③ 映画の中で彼女は彼の頬にキスをします。
In the movie, she kisses him on the cheek.
　　　　　　　　　　kiss ez

④ パパがあざにキスして彼女はすぐに気分がよくなりました。
Daddy kisses the bruise and she feels better instantly.
　　　　kiss ez

⑤ 私はハーシーキス（チョコレート）が大好きです！
I love Hershey's Kisses!
　　　　　　　　kiss ez

そう聞こえるのはナゼか？

手紙をもらうとき、最後のほうにXというサインを見ることがあります。あのXはkissesを表しています。例えばSee you again, soon. XXX, Lisa（じゃあ、またすぐに会いましょうね、キス3回、リサ）。ちなみにOXOXはhugs and kisses（抱きしめ＋キス）です。

第4位 [s] 集中耳トレ ❻

boxes 意味 箱

実際はこう聞こえる ➡ **box ez**

Listen carefully!

ゆっくり ▶ ナチュラル
CD 48

① 私は名刺を何箱も受け取りました。
I received boxes and boxes of business cards.
　　　　　　box ez　　　 box ez

② 彼らは2つの箱に贈り物を入れて送りました。
They sent the gift in two boxes.
　　　　　　　　　　　　　box ez

③ なんて美しい、丸い帽子入れでしょう！
What beautiful round hatboxes!
　　　　　　　　　　　　box ez

④ クッキーを何箱買ったの？
How many boxes of cookies did you buy?
　　　　　　box ez

⑤ 私たちには何箱もの本が残りました。
We had boxes of left-over books.
　　　　　box ez

そう聞こえるのはナゼか？

box は日本でも使う日常的な単語です。しかし複数形になると聞き取るのがグンと難しくなります。box の複数形は ez サウンドのパターンです。ちなみに「(郵便局の)私書箱」は PO Box (post office box) です。

第4位 [s] 集中耳トレ ⑦

peaches 意味 桃

実際はこう聞こえる ➡ **peach iz**

Listen carefully!

ゆっくり ▶ ナチュラル
CD 49

① 私はピーチとクリームが大好きです。
I love peaches and cream.
　　　　peach iz

② 日本の桃はヨーロッパの桃とずいぶん違います。
Japanese peaches are quite different from European ones.
　　　　　peach iz

③ それらは桃みたいに見えない？
They look like peaches, don't they?
　　　　　　　peach iz

④ ピーチーズはティーチーズと韻を踏んでいますか？
Does peaches rhyme with teaches?
　　　peach iz

⑤ もちろんその桃はあの木からとれたんだ！
Those peaches come from that tree, of course!
　　　peach iz

そう聞こえるのはナゼか？

例文1の peaches and cream とは例えば "お茶とお煎餅" "海苔と御飯" といったように、何かセットになっていて、とても魅力のあるものを表す語です。peaches-and-cream skin といえば、きめ細かくすべすべの赤ちゃんの頬を表現できます。

第4位 [s] 集中耳トレ ⑧

close 意味 閉める

実際はこう聞こえる ➡ **cloh z**

Listen carefully! [ゆっくり]▶[ナチュラル] CD 49

① あなたが入ったあと、ドアを閉めていただけますか？
Would you please close the door after you?
　　　　　　　　　　cloh z

② 店はあと15分で閉まります。
The store will close in fifteen minutes.
　　　　　　　　cloh z

③ コンテストはもう終了です。
The contest is now closed.
　　　　　　　　cloh z

④ 彼の考えは新しいアイデアを受け入れない。
His mind is closed to new ideas.
　　　　　　　cloh z

⑤ 非公開の会議で決定が下された。
The decision was reached behind closed doors.
　　　　　　　　　　　　　　　　cloh z

((そう聞こえるのはナゼか？))

closeには同じスペルですが発音が異なる2つの意味があります。cloh zと発音されるほうは「閉まる／閉める」、cloh sと発音されるほうは「近い」という意味です。後者はclothes（服）と同じ発音ですので、しっかり文脈を読み取りましょう。

第4位 [s] 集中耳トレ ❾

lose 意味 負ける

実際はこう聞こえる ➡ **looz**

Listen carefully!　　　　　　ゆっくり ▶ ナチュラル　CD 50

① 私は負けず嫌いなの。
I hate to lose.
　　　　　looz

② 勝とうと負けようと関係ありません。
It really doesn't matter if you win or lose.
　　　　　　　　　　　　　　　　　　looz

③ 負け犬！
What a loser!
　　　　loozer

④ 私はまさに心を失うところでした。
I was about to lose my mind.
　　　　　　　　looz

⑤ 私たちにはもう時間がありません。
We have no time to lose.
　　　　　　　　　　looz

そう聞こえるのはナゼか？

lose（負ける）と loose（ゆるい）は似ていますが、発音が違いますのできっちり区別できます。lose は looz、loose は loos と聞こえます。例えば靴下にルーズソックスという種類がありますが、あれは正確に言えば、ルースソックスとすべきですね。

第4位 [s] 集中耳トレ ⑩

bridges
意味 橋

実際はこう聞こえる ➡ **bri jiz**

Listen carefully!

ゆっくり ▶ ナチュラル
CD **50**

① 『マディソン郡にかける橋』っていう映画みた？
Did you watch the movie "The Bridges of Madison County"?
　　　　　　　　　　　　　　　　bri jiz

② セーヌ川にかかるパリの橋は35あるのよ。
There are 35 bridges on the River Seine in Paris.
　　　　　　　bri jiz

③ そこは川と神戸で最も古い橋が見えます。
It overlooks a river and one of Kobe's oldest bridges.
　　　　　　　　　　　　　　　　　　　　　bri jiz

④ 多くの人々がテロの目標になる恐れのある橋やトンネルを避けている。
Many people avoid bridges and tunnels which may be targets for terrorism. bri jiz

⑤ 飛ぶ鳥あとを濁さず。
Don't burn bridges.
　　　　　　bri jiz

(((　そう聞こえるのはナゼか？　)))

bridge（橋）は複数になったとたんに聞き取りづらくなりますので注意が必要です。bri＋jizのように聞こえ、最後のsがzの音になります。

エクササイズ

CD 51 を聞いて、（　）の中に適当な語句を入れ、文を完成させましょう。

1. The (　　) are not disappearing in this area.

2. I love getting my (　　) massaged!

3. Sealed with (　　).

4. The boxes were full of new (　　).

5. That was (　　)!

解答・訳

1. The (**bees**) are not disappearing in this area.
   この地域ではハチがいなくなることはありません。

2. I love getting my (**legs**) massaged!
   足のマッサージって大好き！

3. Sealed with (**kisses**).
   キスで封をした。

4. The boxes were full of new (**clothes**).
   箱には新しい衣類がたくさん入っていた。

5. That was (**close**)!
   危なかった！

第5位
[g]

第5位 [g] 集中耳トレ ❶

going on

意味 〜続ける

実際はこう聞こえる ➡ **go inon**

Listen carefully!

ゆっくり ▶ ナチュラル

CD 52

① どうしている？
What's going on?
　　　go inon

② もうすぐ10時になる。
It's going on ten o'clock.
　　　go inon

③ いつまでもスピーチが続く。
The speech is going on and on.
　　　　　　　go inon

④ 時間はあるので続けて。
We have time so keep going on.
　　　　　　　　　　go inon

⑤ サファリに行くの！
I'm going on a safari!
　　　go inon

))) そう聞こえるのはナゼか？ (((

going on は日常会話で非常によく耳にする連結語です。going の最後の g はほとんど消失し、その g の前の n が、次の前置詞 on と連結します。

第5位 [g] 集中耳トレ ❷

throwing up

意味 吐く

実際はこう聞こえる ▷ **thro inuh (p)**

Listen carefully!

ゆっくり ▶ ナチュラル
CD **52**

① 吐きそうだった。
I felt like throwing up.
 thro inuh (p)

② 酔っぱらいが吐いていた。
The drunk was throwing up.
 thro inuh (p)

③ みんな両腕を挙げていた。
Everyone was throwing up their arms.
 thro inuh (p)

④ パパは血を吐いていた。
Dad was throwing up blood.
 thro inuh (p)

⑤ 飛行機で吐かないようにするのにはどうすればいいの？
How can I keep from throwing up on a plane?
 thro inuh (p)

))) **そう聞こえるのはナゼか？**)))

going on と同じパターンがここにもあります。on と連結するのは、g ではなく n。語尾の g を強く発音することはほとんどないのです。

第5位 [g] 集中耳トレ ❸

acting 意味 態度

実際はこう聞こえる ➡ **actin**

Listen carefully! 〔ゆっくり ▶ ナチュラル〕 CD 53

① 今日、彼女、変だったよ。
She was acting strange today.
　　　　actin

② そんな態度はよしなさい。
Stop acting up like that.
　　　actin

③ 彼はスーパーマンのように演じていた。
He was acting like Superman.
　　　　actin

④ あなたの真似をしているんだ。
I'm acting just like you.
　　　actin

⑤ 彼は近頃演劇に夢中なんだ。
He's into acting these days.
　　　　　actin

そう聞こえるのはナゼか？

ing の g は g の音が消える典型パターンです。イング形という風に学校では教わるでしょうが、「グ」とはっきり発音することはありません。

第5位 [g] 集中耳トレ ④

doing 意味 〜している

実際はこう聞こえる ⇒ **dooin**

Listen carefully! ゆっくり ▶ ナチュラル CD 53

① ご機嫌いかが？
   How are you doing?
              dooin

② 調子いいよ、ありがとう。
   I'm doing fine, thanks.
       dooin

③ 最近何をしているの？
   What are you doing these days?
                dooin

④ 彼女は絶好調よ。
   She's doing very well.
         dooin

⑤ 美容師がちょうど今私の髪を手入れしているの。
   The hairdresser is doing my hair right now.
                      dooin

そう聞こえるのはナゼか？

3つ目の例文で登場する doing these days は仕事 (job) について尋ねる決まり文句です。返答例は The new restaurant isn't doing breakfast anymore. Gekidan Shiki is doing Shakespeare next month. など、使いこなしましょう。

第5位 [g] 集中耳トレ⑤

young girl

意味 若い娘

実際はこう聞こえる ➡ **yun girl**

Listen carefully!

ゆっくり ▶ ナチュラル

CD 54

① 彼女は若い女性です。
She's a young girl.
   yun girl

② 君の娘は調子どうだい？
How's your young girl?
   yun girl

③ 気持ちだけはまだ少女のままよ。
I'm still a young girl at heart.
   yun girl

④ 若い少女、それとも若い少年？
Is it a young girl or a young boy?
   yun girl

⑤ 若い女性？　それは私のことよ！
Young girl? That's me!
   yun girl

そう聞こえるのはナゼか？

とても馴染みのある熟語ですが、初めて聞く人は young girl をほとんど聞き取れません。2つの g がクロスして「ッ」のような音に聞こえます。Big boy, big bang, big balloons なども同じです。

第5位 [g] 集中耳トレ ❻

coming

意味 来る

実際はこう聞こえる ➡ **comin'**

Listen carefully!

ゆっくり ▶ ナチュラル
CD 54

① 連休はお家に帰るよ。
I'm coming home for the holidays.
　　　comin'

② あなたは来るの、来ないの？
Are you coming or not?
　　　　　comin'

③ いま行く！
Coming!
comin'

④ まもなく公開！
Coming to a theater near you.
comin'

⑤ 彼女はまもなくあの角から現れるよ。
She'll be coming around the corner any minute now.
　　　　　comin'

(((そう聞こえるのはナゼか？)))

going home と coming home は同じようですが、少し違います。coming home はある場所に行く（来る）というより、誰かに会いに行く（来る）といった話し相手の心に訴えかける表現なのです。

第5位 [g] 集中耳トレ ❼

rang

意味 〜が鳴った

実際はこう聞こえる ⇒ **ran(g)**

Listen carefully!

ゆっくり ▶ ナチュラル
CD 55

① 誰かがドアのベルを鳴らした。
Someone rang the doorbell.
　　　　　ran(g)

② その名前、思い出しました。
That name rang a bell.
　　　　　 ran(g)

③ 彼のコメントは真実に聞こえた。
His comment rang true.
　　　　　　 ran(g)

④ ロックコンサートのあとで耳がジーンと鳴った。
My ears rang after the rock concert.
　　　　 ran(g)

⑤ タイマーがついに鳴った。
The timer finally rang.
　　　　　　　　　 ran(g)

そう聞こえるのはナゼか？

連結すると非常に聞き取りにくくなる単語なので、文脈をしっかり聞いて意味をつかんでください。他にも rang it all up（レジで精算した）、She rang him up after the dinner to say thank you.（彼女はディナーの後で彼に電話で礼を言った）などよく聞きます。

第5位 [g] 集中耳トレ ⑧

big girl

意味 大きな娘

実際はこう聞こえる ⇒ **bih girl**

Listen carefully!

ゆっくり ▶ ナチュラル
CD 55

① 12才になったの〜？　大きくなったわね！
You're twelve years old?
You're a big girl now, aren't you!
　　　　bih girl

② 大きな少女がその子犬を助けました。
The big girl saved the puppy.
　　bih girl

③ 私は大きくなったらガールスカウトに参加するつもりです。
When I'm a big girl, I'm going to join the girl scouts.
　　　　bih girl

④ パパの大好きな娘だ！
There's Papa's big girl!
　　　　　bih girl

⑤ なんて大柄な少女なんだ！
What a big girl!
　　　bih girl

(((そう聞こえるのはナゼか？)))

young girl と同じく g + g =「っ」のパターンです。

第5位 [g] 集中耳トレ ⑨

ding dong

意味 キンコン

実際はこう聞こえる ▶ **din don**

Listen carefully!

ゆっくり ▶ ナチュラル
CD 56

① ドアのベルがカランカランと鳴った。
The doorbell went "ding dong".
                          din don

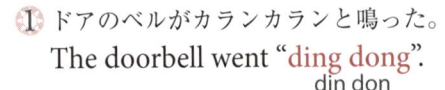

② ディンドンは有名なチョコレートケーキ菓子の名前です。
Ding Dong is a name of a famous round chocolate cake.
din don

③ 教会の鐘が3分間キンコン鳴りつづけた。
The church bells continued to ding dong for three minutes.
                                            din don

④ おバカさん！
You are such a ding dong!
                  din don

⑤ トップの席をかけた激しい戦いだった。
It was a ding dong fight for the top position.
            din don

そう聞こえるのはナゼか？

g の音が聞こえません。これは映画でお馴染み King Kong（キングコング）が Kin Kon としか聞こえないのと同じです。他に「馬鹿げた人」「振り子のように揺れる」といった意味もあります。

第5位 [g] 集中耳トレ ⑩

dropping

意味 落とす／届ける

実際はこう聞こえる → **dropin**

Listen carefully!

ゆっくり ▶ ナチュラル
CD 56

① 私はよく手袋を落とします。
I keep dropping my gloves!
    （dropin）

② スティーブは上司と話すときいつも有名人の名を出してくる。
Steve loves name dropping when talking with his superiors.
                   （dropin）

③ 彼らは窓から地面に飛び降り逃げた。
They escaped through the window by dropping to the ground.
                                    （dropin）

④ 他の者に聞こえないように、「それはニセモノだ」と彼は声を落として言った。
"It's a fake" he said dropping his voice so the others wouldn't hear.
                      （dropin）

⑤ あと数分でクッキーを届けます。
I'll be dropping off the cookies in a few minutes.
        （dropin）

そう聞こえるのはナゼか？

例文2の name dropping の意味は、有名人の名前をあげて、さも知人のようにふるまい自慢げにすることをいいます。そういう鼻持ちならない人のことを name dropper と皮肉を込めて呼ぶことがあります。

エクササイズ

CD 57 を聞いて、（　）の中に適当な語句を入れ、文を完成させましょう。

1. Poor Bobby, he was (　　)(　　) all day long.

2. What? It's (　　)(　　) seven o'clock all ready?

3. What are you (　　)(　　) me?

4. The doorbell (　　) but no one was there.

5. The ball kept (　　)(　　) of the players hand.

解答・訳

1. Poor Bobby, he was (**throwing**)(**up**) all day long.
   かわいそうなボビー。彼は一日じゅう吐いてたわ。

2. What? It's (**going**)(**on**) seven o'clock all ready?
   え？　もうすぐ7時だって？

3. What are you (**doing**)(**to**) me?
   私をどうするつもりかしら？

4. The doorbell (**rang**) but no one was there.
   ドアベルが鳴ったが、誰もいなかった。

5. The ball kept (**dropping**)(**out**) of the players hand.
   選手の手から球がすべり落ち続けた。

第6位
[O]

第6位 [o] 集中耳トレ ❶

watch out

意味 〜に気をつけて

実際はこう聞こえる ➡ **wa chout**

Listen carefully!

ゆっくり ▶ナチュラル
CD 58

① 自転車に気をつけて！
Watch out for bicycles!
wa chout

② 気をつけないと、頭をぶつけるわよ。
If you don't watch out, you'll hit your head.
　　　　　　　　wa chout

③ 細やかな縁取りに気をつけて。
Watch out for the delicate lace.
wa chout

④ 僕は妹の面倒を見なくちゃいけない。
I have to watch out for my little sister.
　　　　　　wa chout

⑤ この地域ではスリに気をつけなければいけません。
You must watch out for pickpockets in this area.
　　　　　　wa chout

(((そう聞こえるのはナゼか？)))

映画にも危険を察知して Watch out! と叫ぶシーンがよくありますね。out は日本語のアウトではなく、wa chout と一語のように聞こえます。

第6位 [o] 集中耳トレ❷

why not
意味 〜しよう

実際はこう聞こえる ▶ **wai nah**

Listen carefully!

ゆっくり ▶ ナチュラル
CD 58

① そうね、ではそうします！
Well, why not!
　　　wai nah

② 今回は私のやり方でやってみましょうよ。
Why not try it my way this time?
wai nah

③ 今だになぜダメなのかが分からない。
I still don't understand why not.
　　　　　　　　　　　　　　　wai nah

④ それでは今週の土曜日の夜はいかがでしょう？
And, why not this Saturday night?
　　　wai nah

⑤ それで考えたの…できるよって。
Then I thought to myself, why not?
　　　　　　　　　　　　　　wai nah

そう聞こえるのはナゼか？

学校でも習う why not は実にさまざまなパターンで会話に登場します。文脈によっては聞き取りづらいこともありますので、慣れましょう。not の o は「オー」ではなく a に近い音で、最後の t はほとんど口の中で消えます。

第6位 [o] 集中耳トレ ❸

of 意味 ～の

実際はこう聞こえる ➡ **uh / uv**

Listen carefully!

ゆっくり ▶ ナチュラル
CD 59

① 私はいくつか本を買います。
I'll take some of the books.
　　　　　　　　uh/uv

② 『ハツカネズミと人間』っていう本を知っていますか？
Do you know the book "Of Mice and Men"?
　　　　　　　　　　　　uh/uv

③ ほとんどの生徒がその授業に通りました。
Most of the students passed the class.
　　　uh/uv

④ ここから出てって！
Get out of here!
　　　　uh/uv

⑤ 私、この楽器の音が好き。
I love this sound of this instrument.
　　　　　　　　　uh/uv

そう聞こえるのはナゼか？

of の発音は「オブ」というイメージが強いですが、実際は uh や uv というように聞こえます。オックスフォード・イングリッシュ・コーパスによると、of はよく使われる英語のトップ5に入る語です。しかし文脈の中で強く発音されませんので、聞こえ方に慣れましょう。

第6位 [o] 集中耳トレ ❹

or 意味 〜それとも

実際はこう聞こえる ▶ **r**

Listen carefully!

ゆっくり ▶ ナチュラル

CD 59

① ペンか鉛筆どちらがいいですか？
Would you like a pen or pencil?
              r

② 白黒かフルカラーかどちらがよろしいですか？
Which would you prefer, in black and white or full color?
                                          r

③ ファクス、それともEメール？
By fax or email?
    r

④ パンかライスがついています。
It comes with bread or rice.
                   r

⑤ バーベキューかハニーマスタードのタレか選べます。
You have a choice of BBQ sauce or honey mustard.
                              r

((そう聞こえるのはナゼか？))

or は通常それほど強く発音しませんので、前の単語の語尾と連結して聞こえます。pen の場合は pen nrr、white だと whiter、fax だと faxr、bread だと breadr、sauce だと saucer というように。

第6位 [o] 集中耳トレ ❺

olive 意味 オリーブ

実際はこう聞こえる ➡ **ah leev**

Listen carefully!

ゆっくり ▶ ナチュラル

CD 60

① パンにバターかオリーブオイルはいかが？
Would you like butter or olive oil with your bread?
　　　　　　　　　　　　　　ah leev

② ギリシアのオリーブっておいしいね！
Greek olives are delicious!
　　　　ah leev

③ 私はオリーブ色が好きです。
I like the color olive.
　　　　　　　　ah leev

④ 私の庭にオリーブの木が２本あります。
I have two olive trees in my garden.
　　　　　　ah leev

⑤ 上質のオリーブオイルは高価ね！
Fine olive oil is expensive!
　　　ah leev

そう聞こえるのはナゼか？

食材のオリーブで親しんでいますが、oliveのoの音は「オ」ではなく「アー」という感じに聞こえます。食材としてのoliveだけでなく、カラー（オリーブ色）としてもよく使う語ですね。またto extend an olive branch（平和のためにできること）という表現もあります。

第7位
[h]

第7位 [h] 集中耳トレ ❶

herb

意味 ハーブ

実際はこう聞こえる ➡ **ur b**

Listen carefully!

ゆっくり ▶ ナチュラル　CD 61

① 私は特別なハーブティーを作るために、数種類のハーブを混ぜ合わせ、楽しみます。

I enjoy mixing herbs to make special herbal teas.
　　　　　　　ur bs

② どんなハーブティーがありますか？

What kind of herbal tea do you have?
　　　　　　　ur bal

③ ローズマリーはハーブの１種ですか？

Is rosemary an herb?
　　　　　　　ur b

④ 私はオーガニックのハーブだけを使います。

I only use organic herbs.
　　　　　　　　ur bs

⑤ カモミールは私がいちばん好きなハーブです。

Chamomile is my favorite herb.
　　　　　　　　　　　　ur b

そう聞こえるのはナゼか？

日本語でも知られるハーブですが、アメリカ英語では h の音は喉の奥にとどまり、urb とだけ聞こえます。ただしイギリス英語ではときどき hurb としっかり発音されることもあります。

第7位 [h] 集中耳トレ ❷

he　意味 彼は〜

実際はこう聞こえる ➡ **e**

Listen carefully!　　　ゆっくり▶ナチュラル　CD 61

① 彼はここで何をしていますか？
What's he doing here?
　　　　e

② 私は彼について話しているのではありません。
He's not who I'm talking about.
e

③ 少年は自分が愛されていることを知る必要があります。
The boy needs to know that he's loved.
　　　　　　　　　　　　　　　　　e

④ 彼が問題であって、私ではない！
He is the problem, not me!
e

⑤ 私は本当のことを話したのですが、彼は私を信じませんでした。
I told the truth but he didn't believe me.
　　　　　　　　　　　　e

そう聞こえるのはナゼか？

早く話しているときや、とくに強調するべきではない場合、he は e と聞こえます。これは her、him、his も同じで h の音が消えます。

第7位 [h] 集中耳トレ❸

her
意味 彼女を〜

実際はこう聞こえる ➡ **er**

Listen carefully!

ゆっくり ▶ ナチュラル
CD 62

① 彼女にとってそれは問題ではありません。
It doesn't matter to her.
　　　　　　　　　　　　er

② それは彼女のスカーフですよ。私のではありません。
It's her scarf, not mine.
　　　er

③ 彼らは彼女が来るのを待ちました。
They waited for her to come.
　　　　　　　　　　er

④ 彼女は待っていたほうがよさそうだ。
It will be better for her to wait.
　　　　　　　　　　　　　er

⑤ 小さな少女が彼女のテディベアを抱きました。
The little girl hugged her teddy bear.
　　　　　　　　　　　　　　er

そう聞こえるのはナゼか？

her は船やバス、電車、飛行機、さらに国家の代名詞としても使われます。なぜなら船などの乗組員は男性が多く、乗組員は船と生涯を共にする、つまり結婚するという意味から、her という女性代名詞を使うようになりました。

第7位 [h] 集中耳トレ ④

have 意味 〜を持つ

実際はこう聞こえる ➡ **av**

Listen carefully! 〔ゆっくり〕▶〔ナチュラル〕 CD 62

① なぜ彼らはやめることを決心したのか？
Why have they decided to quit?
　　　av

② 可能であればしたけど、あのときはどうしようもなかった。
I would have if I could, but it was impossible at the time.
　　　　　av

③ 今はそれほど現金を持ち合わせていません。
I don't have that much cash with me right now.
　　　　　av

④ 今夜はパスタにします。
I'll have the pasta tonight.
　　　av

⑤ 彼女がそれを知るはずはなかった。
She couldn't have known about it.
　　　　　　av

そう聞こえるのはナゼか？

初級者の方にとっては基本動詞 have も会話の中ですばやく使われてしまうと聞き取れません。h の音の性質を例文でしっかりマスターしましょう。

第7位 [h] 集中耳トレ ❺

I would have

意味
〜だったら、私は〜したのに

実際はこう聞こえる ➡ **aiwuda**

Listen carefully!

ゆっくり ▶ ナチュラル
CD 63

① 時間があったら私は行ったのですが。
I would have gone if I had the time.
aiwuda

② この辺りに来るんだったら、映画を観たのに。
I would have seen the movie if I had come to this area.
aiwuda

③ 君が来ることがわかっていたら、部屋をきれいにしておいたのに。
I would have cleaned up the room if I knew you were
aiwuda
coming over.

④ 味がよければそれを全部飲んだのに。
I would have drunk it all if it tasted good.
aiwuda

⑤ 天気が悪かったら、家にいたのですが。
I would have been home if the weather was bad.
aiwuda

そう聞こえるのはナゼか？

aiwuda と聞こえます。前者のほうが比較的フォーマルなシーンで使われる言い方です。

第8位

[V]

第8位 [v] 集中耳トレ ❶

have to
意味 〜しなければならない

実際はこう聞こえる ▶ **hafta**

Listen carefully!
ゆっくり ▶ ナチュラル
CD 64

① トイレに行かなきゃ。
I **have to** go to the restroom.
　　hafta

② このピザ食べてみなよ。すごくおいしいよ！
You **have to** try this pizza. It's delicious!
　　　hafta

③ 彼らは行きたくないなら行かなくてよい。
They don't **have to** go if they don't want to.
　　　　　 hafta

④ ママ。僕、このほうれん草食べなきゃいけない？
Mom, do I **have to** eat this spinach?
　　　　　 hafta

⑤ とても感動しました。
I **have to** say that I'm impressed!
　　hafta

そう聞こえるのはナゼか？

haveという動詞はhave + toの形で発音が違います。haveのvの音が消え、haftaのように聞こえます。46ページのhad + to = ha daと合わせてしっかり慣れておきましょう。

第8位 [v] 集中耳トレ ❷

must have

意味 ～だったに違いない

実際はこう聞こえる ➡ **mustav**

Listen carefully!

ゆっくり ▶ ナチュラル
CD 64

① 私は家にそれを置いていったに違いない。
I must have left it at home.
　　mustav

② 彼らが終わらせたに違いない。
They must have finished it.
　　　mustav

③ 彼女はスカーフを編んだに違いない。
She must have knitted the scarf.
　　mustav

④ その選手は不正をしたに違いない。
The player must have cheated!
　　　mustav

⑤ それは完璧だったはずだ。
It must have been perfect.
　mustav

そう聞こえるのはナゼか？

must have は過去に行ったことについて言うときに使います。ここでの have は av や v とだけ聞こえ、日本語の「ブ」ではなく、口の中で空気を震わす程度の小さな音になります。

第8位 [v] 集中耳トレ ③

would have

意味 〜しただろうに

実際はこう聞こえる ➡ **wuda**

Listen carefully!

ゆっくり ▶ ナチュラル
CD 65

① できることならやったんだけどね！
I would have if I could have!
　　wuda

② 彼女にもし時間があったら、行っただろうに。
She would have gone if she had the time.
　　　wuda

③ 誰も知らなかっただろうに。
No one would have known.
　　　　　wuda

④ 彼らはそれを食べただろうに。
They would have eaten it.
　　　wuda

⑤ フロアが滑りやすかったのだろう。
The floors would have been slippery.
　　　　　wuda

そう聞こえるのはナゼか？

苦手な人が多い would have の表現です。would have に続く動詞を強調する場合が多いので、ここでの have はもはや ve の音が消失、聞こえないまま次の語に移るイメージです。例文1のように could have も同じく ve はほとんど音になりません。

第8位 [V] 集中耳トレ ④

should not have

意味 〜すべきではなかった

実際はこう聞こえる ➡ **shunna**

Listen carefully!

ゆっくり ▶ ナチュラル
CD 65

① 彼はお金を取るべきではなかったのに。
He should not have taken the money.
　　　shunna

② 彼らは早く立ち去るべきではなかったのに。
They should not have left early.
　　　　shunna

③ 私は牡蠣を食べるべきではなかった。
I should not have eaten the oysters.
　　shunna

④ その会社は彼を手離すべきではなかった。
The company should not have let him go.
　　　　　　shunna

⑤ 彼女はそれをきれいにするべきではなかった。
She should not have cleaned it.
　　　shunna

そう聞こえるのはナゼか？

should not have は大胆に shunna と省略して発声されるのが普通です。shu と nna の間に小さな「ッ」が入るイメージです。主語＋should not have ＋動詞とそれぞれが同じスピードでまとめられるため、このような大胆なリダクション（音の消失）が生じます。

could not have

第8位 集中耳トレ ❺ [v]

意味 〜できなかっただろう

実際はこう聞こえる ➡ **cunna**

Listen carefully!

ゆっくり ▶ ナチュラル
CD 66

① 彼は昨日京都にいることはできなかった。
He could not have been in Kyoto yesterday.
　　　cunna

② 私はあなたの支えなしではやり遂げられなかっただろう。
I could not have done it without your support.
　cunna

③ 彼女はうまいこと言ったなあ！
She could not have said it better!
　　cunna

④ 彼らはそんな短い時間では修理できなかっただろう。
They could not have fixed it in such a short time.
　　　cunna

⑤ 上司が知るすべはなかっただろう。
The boss could not have known.
　　　　cunna

そう聞こえるのはナゼか？

過去の不可能について言う場合に使われる表現です。135ページのshould not haveと同じく、ここでもvの音が完全に消えます。ゆっくり話す場合はそれぞれをクリアに発音してOKですが、ネイティブスピーカーが聞くとロボットが話しているみたいに聞こえてしまうのです。

第9位

[a]

第9位
[a]
集中耳トレ ❶

Can I

意味 〜してもいい

実際はこう聞こえる ▶ **kuh nai**

Listen carefully!

ゆっくり ▶ ナチュラル

CD 67

① 休みをとってもいいですか？
Can I take a holiday?
kuh nai

② 日本円で払っていいですか？
Can I pay in Japanese yen?
kuh nai

③ ホットドッグを2つください。
Can I have two hot dogs?
kuh nai

④ おはようございます。ご用件は何でしょうか？
Good morning, sir. What can I do for you?
　　　　　　　　　　　　　　　kuh nai

⑤ クレジットカードは使えますか？
Can I use my credit card?
kuh nai

そう聞こえるのはナゼか？

Can I〜?（〜してもいいですか？）はMay I〜?よりも少しくだけた許可を求める表現です。家族や同年代の親しい間柄、あるいはお客が店員に対してよく使う表現です。

第9位 [a] 集中耳トレ ②

that all
意味 それがすべて

実際はこう聞こえる ➡ **tha tall**

Listen carefully!
ゆっくり ▶ ナチュラル
CD 67

① アメリカ独立宣言は人類すべてに平等を与えます。
The American Declaration of Independence states **that all** men are created equal.
　　　　　　　　　　　　　　　　　　　　　　　tha tall

② すべての学生が卒業するように決断が下されました。
It has been decided **that all** students will graduate.
　　　　　　　　　　　　tha tall

③ これだけ？
Is **that all** there is to this?
　　tha tall

④ すべての作家が守るべき5つの規則があります。
There are 5 rules **that all** writers must follow.
　　　　　　　　　tha tall

⑤ サンプルしか作っていないなんて信じられない。
I can't believe **that all** you've done is made a prototype.
　　　　　　　　tha tall

そう聞こえるのはナゼか？

文脈の中で that all という表現はよく見かけます。that の最後の音 t は all と同化し、tha + tall と聞こえるのが普通です。That's all.（終わった）というひとことの表現もよく使われます。

第9位 [a] 集中耳トレ ❸

for a　意味 〜を

実際はこう聞こえる ⇒ fo ra

Listen carefully!

ゆっくり ▶ ナチュラル
CD 68

① 安いタブレットを探していました。
I've been searching for a cheap tablet.
　　　　　　　　　　fo ra

② 楽しいよ〜！
You're in for a ride!
　　　　fo ra

③ 新しいパスポートを申請しなければなりません。
I need to apply for a new passport.
　　　　　　　fo ra

④ 持続可能な未来について計画する必要があります。
We need a plan for a sustainable future.
　　　　　　　　fo ra

⑤ 私は変化には大賛成です！
I'm all for a change!
　　　fo ra

そう聞こえるのはナゼか？

for a は通常 fo ra と聞こえます。他に同類の音の変化に like a → lika、listen to a → listen tua 、drink a cup of → drin ka cuppa というものもありますので確認しておきましょう。

第9位 [a] 集中耳トレ ④

to a

意味 〜のために

実際はこう聞こえる ▶ **tua**

Listen carefully!

ゆっくり ▶ ナチュラル
CD 68

① 特別なカップルのために。乾杯！
Here's to a special couple. Cheers!
　　　　tua

② あなたは子どもを専門医に診てもらったほうがよいと思います。
You need to take your child to a specialist.
　　　　　　　　　　　　　　tua

③ 私は親友のために誕生日のメッセージを書いています。
I'm writing a birthday message to a good friend.
　　　　　　　　　　　　　　tua

④ 5才の子にどうやってそんなことを説明すればいいだろう？
How can I explain such a thing to a 5-year old?
　　　　　　　　　　　　　　tua

⑤ 地球が終しまいになる！
The world is coming to an end!
　　　　　　　　　tua

そう聞こえるのはナゼか？

to ＋ a は tua と1語のように聞こえます。日本語のカタカナでは表現できない音になりますので、CDを聞いてしっかり確認してください。

第9位 [a] 集中耳トレ ❺

an orange

意味 オレンジ1つ

実際はこう聞こえる ➡ **a noranj**

Listen carefully!

ゆっくり ▶ ナチュラル
CD 69

① オレンジ色の手袋をください。
I'd like an orange pair of gloves.
　　　　a noranj

② オレンジジュースだけでいいわ。
I'll just have an orange juice, please.
　　　　　　　a noranj

③ オレンジにはたくさんのビタミンCが入っている。
An orange has lots of vitamin C.
a noranj

④ オレンジのケーキ？
An orange cake?
a noranj

そう聞こえるのはナゼか？

an＋母音で音の連結が生じます。an orchid（ランの花）→ a nor kid、an umbrella（傘）→ a numbrella など日常会話でもよく使いますね。

第10位

[y]

第10位 [y] 集中耳トレ ❶

get your

意味 あなたの〜を取る

実際はこう聞こえる ➡ **ge chur**

Listen carefully!

ゆっくり ▶ ナチュラル
CD 70

❶ あなたはカフェテリアでランチをとることができます。
You can get your lunch at the cafeteria.
　　　　ge chur

❷ 今日はあなたの髪をキレイにしよう！
Let's get your hair done today!
　　　ge chur

❸ 本棚からあなたの本を取り出すことができません！
I can't get your book out of the bookshelf!
　　　　ge chur

❹ 来週、運転免許証を更新しに行くの？
Will you get your driver's license renewed next week?
　　　　　ge chur

❺ すぐに靴を履きなさい。
Get your shoes on right now.
ge chur

そう聞こえるのはナゼか？

y の音は弱く発音されるため、get の t に音が吸収され、ge chur のように聞こえます。

第10位 [y] 集中耳トレ ②

are you
意味 あたなは〜ですか

実際はこう聞こえる ➡ **arya**

Listen carefully!
ゆっくり ▶ ナチュラル
CD 70

① どこに行くのですか？
Where are you going?
　　　arya

② ほんとう？
Are you serious?
arya

③ あなた本当はいくつなの？
How old are you really?
　　　　arya

④ マラソンを走る準備はできましたか？
Are you ready to run the marathon?
arya

⑤ その詩を知っていますか？
Are you familiar with the lyrics?
arya

そう聞こえるのはナゼか？

相手のことを尋ねる際、どんなシーンの会話でも使う are you 〜は、文脈の中にまぎれ込み聞き取りづらいです。arya と聞こえる早口にも対応できるようになりましょう。

第10位 [y] 集中耳トレ ❸

that your / that you're

実際はこう聞こえる ➡ **tha chur**

意味　あなたの〜／あなたは〜

Listen carefully!

ゆっくり ▶ ナチュラル　CD 71

① まさかあなたが富士山に登るとは！
I can't believe that you're climbing Mt. Fuji!
　　　　　　　 tha chur

② 誰かあなたの靴ひもがほどけていることを教えてくれましたか？
Did anybody tell you that your shoelaces are untied?
　　　　　　　　　　　　 tha chur

③ あれはあなたのハンカチですか？
Is that your handkerchief?
　　tha chur

④ それはあなたのパスワードがもはや隠されたものではないという証しです。
That's a sign that your password is not a secret anymore.
　　　　　　　 tha chur

⑤ それはあなたが愛している人のことですか？
Is it about somebody that you're in love with?
　　　　　　　　　　　 tha chur

そう聞こえるのはナゼか？

先の get your と同じく、y の音が that の t に吸収されますね。5つの例文でいろんなパターンを習得しましょう。

第10位 [y] 集中耳トレ ④

don't you

意味 あなたは〜しない

実際はこう聞こえる ▷ **doncha**

Listen carefully!

ゆっくり ▶ ナチュラル
CD **71**

① 私たちが若ければよかったと思わない？
Don't you wish we were younger?
doncha

② この部屋でタバコを吸わないで！
Don't you smoke in this room!
doncha

③ 彼女をもっと褒めたらどうだい？
Why don't you compliment her more?
doncha

④ あなたこの曲好きでしょう？
You love this song, don't you?
doncha

⑤ 彼を覚えていないの？
Don't you remember him?
doncha

(((そう聞こえるのはナゼか？)))

t に y の音が吸収されるパターンですが、you も「ユー」ではなく t + you で cha となりますので注意しましょう。doncha で 1 語のように聞こえます。

第10位 [y] 集中耳トレ ❺

your / you're

実際はこう聞こえる ➡ **yer**

意味 あなたの／あなたは〜です

Listen carefully!

ゆっくり ▶ナチュラル
CD 72

① あなたが完全に正しいです。
You're completely right.
  yer

② 赤いドレスがあなたの妹ですか？
Is that your sister in the red dress?
       yer

③ これはあなたの雑誌です。私のではありません。
This is your magazine, not mine.
     yer

④ どういたしまして！
You're welcome!
  yer

⑤ ボタンがないわよ。
You're missing a button.
  yer

そう聞こえるのはナゼか？

you 〜も、you're 〜も共に yer のように聞こえます。自分に向かって言われていることなので、きちんと聞き取れるようにここで慣れましょう。

エクササイズ

CDを聞いて、（　　）の中に適当な語句を入れ、文を完成させましょう。

1. (　　　)(　　　) for snakes in this area.

2. (　　　)(　　　) take your kid to the baseball game on Sunday?

3. Today (　　　) tomorrow, it's your choice.

4. Many years ago I read the book "Lexus and the (　　　) Tree".

5. Is there a (　　　) to treat this pain?

解答・訳

1. (Watch)(out) for snakes in this area.
   この辺りはヘビがいるのでご用心。

2. (Why)(not) take your kid to the baseball game on Sunday?
   日曜日に子どもを野球の試合に連れていったら？

3. Today (or) tomorrow, it's your choice.
   今日か明日、あなたしだいよ。

4. Many years ago I read the book "Lexus and the (Olive) Tree".
   何年か前に『レクサスとオリーブの木』という本を読みました。

5. Is there a (herb) to treat this pain?
   この痛みに効く薬草はありませんか？

エクササイズ

CD 74 を聞いて、( ) の中に適当な語句を入れ、文を完成させましょう。

1. It's not ( ) decision.

2. They ( )( ) be at the airport in 20 minutes.

3. I ( )( ) mistaken her words.

4. He ( )( )( ) believed everything the salesman said.

5. ( )( ) sit here?

解答・訳

1. It's not (**her**) decision.
   彼女の決断ではありません。

2. They (**have**)(**to**) be at the airport in 20 minutes.
   20分後には空港にいなければいけない。

3. I (**must**)(**have**) mistaken her words.
   私は彼女の言葉を誤解したらしい。

4. He (**should**)(**not**)(**have**) believed everything the salesman said.
   彼はセールスマンの言葉をすべて鵜呑みにすべきではなかった。

5. (**Can**)(**I**) sit here?
   ここに座ってもいいですか？

CD 75 を聞いて、（　）の中に適当な語句を入れ、文を完成させましょう。

1. The new rule is (　　)(　　) students must come early.

2. The neckties are 5 (　　)(　　) thousand yen.

3. Remember (　　)(　　) mother told you to dress warmly.

4. (　　)(　　) doing your exercises?

5. (　　)(　　) believe in God?

解答・訳

1. The new rule is (**that**)(**all**) students must come early.
   学生はみんな早く来なければならないという新しい規則です。

2. The neckties are 5 (**for**)(**a**) thousand yen.
   ネクタイは5本で1000円です。

3. Remember (**that**)(**your**) mother told you to dress warmly.
   あたたかい格好をするようにママが言っていたことを忘れないで。

4. (**Are**)(**you**) doing your exercises?
   運動していますか？

5. (**Don't**)(**you**) believe in God?
   神様を信じていないの？

Coffee Break

　ここまでのレッスン、お疲れさまです。
　さて、この〝お疲れさま〟という表現は日本で非常によく耳にしますが、英語にするとどうなるでしょう。
　たとえば仕事を終えて帰るとき一番耳にするのは、See you tomorrow! です。それが金曜日の場合は Have a great weekend!、夜がだいぶ更けてから帰る場合は Good night! が使われます。
　何かを手伝ってくれた人に感謝する場合は Good work!、Nice job!、That was a really big help!。スポーツなどの試合で人を褒めたいときは Nice one!、Nice shot!、Good game! などよく聞きます。
　さらにスピーチなどが良かった場合は It was great!、Good job!、You did a nice job!（Nice job!）、Exellent work! なんて声をかけてあげるのもいいですね。
　本当に疲れた〜って感じを受けた場合、Now it's done. Take a break!、Wow, you must be tired doing such a great job! と言って、しっかりねぎらってあげたいものです。
　何かをしてもらって「ご苦労さま」というだけなら、Thank you! で十分気持ちが伝わります。
　Thank you so much for reading this book!

番外編
発音レッスン ①

ランキングには入りませんでしたが、日本人の多く の方が苦手とする発音を「番外編」として勉強して おきましょう。まちがいやすく、もしまちがってし まうと誤解を生みかねない重要語を中心にまとめま した。

> 番外編 **発音レッスン ❶**

L vs. R

> Listen carefully!

① lice / rice

部屋にシラミがいます。
There's lice in the room.
部屋にお米があります。
There's rice in the room.

② light / right

次の信号で右に曲がってください。
Turn right at the next light, please.
薄い色ですね？
It's a light color, right?

③ play / pray

彼女が演奏しました。
She was playing.
彼女は祈っていました。
She was praying.

④ alive / arrive

犬たちは生きていた！
The dogs were alive!
犬が到着します！
The dogs will arrive!

CD 76

B vs. V

Listen carefully!

1. very / berry

とってもヘルシーです。
It's very healthy.

その果実はヘルシーよ。
The berry is healthy.

2. vest / best

チョッキのサイズはぴったりです。
The vest fit nicely.

一番いいチョッキです。
It's the best vest.

3. bolt / volt

ボルトが緩い。
The bolt is loose.

変電器が緩い。
The volt transformer is loose.

4. curb / curve

タイヤが縁石にぶつかった。
The tires hit the curb.

覚えるのが難しかった。
It's been a steep learning curve.

S vs. TH

番外編 発音レッスン ❶

Listen carefully!

① sing / thing
それを私のために歌ってくれない？
Can you sing that for me?
それをいただける？
Can you give me that thing?

② sick / thick
昨日は具合が悪かった。
I was sick yesterday.
昨日は厚かったのに。
It was thick yesterday.

③ worse / worth
状況が悪化した。
The condition got worse.
どれぐらい価値があるものなの？
How much is it worth?

④ sank / thank
船が沈んだ。
The ship sank.
彼女にお礼をしたい。
I want to thank her.

番外編
発音レッスン ❷

多くの日本人の方がカタカナ英語や先入観によって誤って記憶している発音の例を取り上げます。一度身につけたら、二度と忘れませんので、ここでチェックしておきましょう。

番外編 発音レッスン❷

TH vs. Z ※決してZの音ではありません！

> Listen carefully!

CD **78**

① that zat
そういうのが好き。
That's the way I like it.

② them zem
すべてが彼らについてだった。
It's all about them.

③ things shings
どんなものを一緒に持っていくの？
What things will you take with you?

④ through su-ru
よい時も悪い時も。
Through thick and thin.

))) **そう聞こえるのはナゼか？**)))

thatは「zat（ザット）」のように覚えている方がいるかもしれませんが違います。thの音は英語特有の音なのでCDを繰り返し聞いて確認してください。

番外編 発音レッスン ❷

F vs. H
※決してHの音ではありません！

Listen carefully!

① Friday　hurai day
やっと金曜日になった！
Thank God it's Friday.

② who　foo
誰を信じますか？
Who do you believe?

③ platform　plat houm
中央線は1番線・2番線のホームから出ます。
The Chuo Line leaves from platform one and two.

④ form　horumu
美しい姿です。
The form is beautiful.

そう聞こえるのはナゼか？

Fridayは「フライデー」としてよく聞きますが、fは「hu（フ）」ではありません。同様にwho（フー）、platform（プラットホーム）、form（ホーム）と覚えてしまっている頭をほぐし、fの正しい音を耳で覚えましょう。homeではありません。

番外編 発音レッスン ❷

UR vs. AH ※決してAHの音ではありません！

Listen carefully!

CD 79

① turn tahn
テーブルを回して。
Turn the tables around.

② curl kahru
髪の毛のここにカールが欲しいの。
I want my hair to curl here.

③ fur fah
あの会には毛皮を着て行ったらダメよ。
Don't wear fur to that meeting.

④ hurt haht
指をケガしちゃった。
I hurt my finger.

そう聞こえるのはナゼか？

turn（ターン）、curl（カール）、fur（ファー）、hurt（ハート）とカタカナ英語で覚えてしまっている人は、CDをよく聞いてahの音を聞き分けられるように練習しましょう。

映画
有名セリフを聞き取る

マーロン・ブランド 『波止場』

ジャック・ニコルソン 『恋愛小説家』

クラーク・ゲーブル 『風と共に去りぬ』

トム・ハンクス 『アポロ13』

レオナルド・ディカプリオ 『タイタニック』

ロイ・シャイダー 『ジョーズ』

ダスティン・ホフマン 『真夜中のカーボーイ』

チャールトン・ヘストン 『猿の惑星』

ロイド・ブリッジス 『フライング・ハイ！』

シェール『月の輝く夜に』

You don't understand! I could have (ai cuda) had class. I could have been a contender, I could have been somebody, instead of a bum, which is what I am. (wa ah eem)

テリー・マーロイ（マーロン・ブランド）
『波止場』（On the Waterfront：1954年）

ニューヨークの波止場で働く元ボクサーのテリー・マーロイ（マーロン・ブランド）。港を牛耳るジョニーの命令により兄チャーリーが仲間を殺す現場を目撃してしまう。殺された男の妹イディが嘆き哀しむ姿に心が揺れるテリーは法廷での証言を決意するのですが、それを察知した悪役ジョニーが口封じのために様々な脅しで妨害、遂には兄チャーリーまで殺されてしまう。意を決してテリーは正義を貫くためジョニーの本拠地へ乗り込んでいくという場面で、このセリフ。マーロン・ブランドの迫真の演技は今もなお観るものに衝撃を与えます。『エデンの東』などの巨匠エリア・カザン監督作品。音楽はレナード・バーンスタイン。

訳　違う、選挙権を取れたんだ。多少は大きな顔もできる身になれた。見ろ、今のこの俺はただのヤクザだ。　※臨場感を出すため意訳しています

You make me want to be a better man.

(wanna)
(beder)

メルヴィン（ジャック・ニコルソン）
『恋愛小説家』（As Good As It Gets；1997年）

偏屈で嫌われ者のベストセラー作家と、バツイチで子持ちのウェイトレスが織りなす不器用な恋を、さりげないユーモアを交えて描く。変人小説家メルヴィン（ジャック・ニコルソン）は恋した女性キャロル（ヘレン・ハント）に何か褒め言葉が欲しいと求められたときに言ったセリフがこれ。持病があって嫌いだった薬もキャロルに会ったことで飲み始めるほど彼女の存在が大きいことを、この一言で表現しています。正直な気持ちを表現できない彼にとっては、まさに天から降ってきたラッキーパンチ。でも、そのあとに言わなくてもいいことを言ってしまって大喧嘩になるのですが…。第55回ゴールデン・グローブ賞で主要3部門に輝きました。

訳　君のおかげで、私はもっといい人間にならなくちゃと思うんだ。

Frankly, my dear, I don't give a damn.

(giva)

レット・バトラー（クラーク・ゲーブル）
『風と共に去りぬ』（Gone With the Wind；1939年）

大物プロデューサー・セルズニックが製作費600万ドルを注ぎ込んで作り上げたアメリカ映画史上の金字塔。"タラのテーマ"を耳にしただけで走馬燈のように数々の名シーンが蘇り、知らず知らずの内に涙が溢れだすも多いはず。南北戦争前後のアトランタを舞台に炎のような女スカーレット・オハラの波乱万丈な半生を完璧までの配役とこの上ないほどの豪華なセットで演出。真実の愛に気づいたスカーレットが最後にすがったのがレット。彼が去り際に彼女に言い捨てたセリフです。damn は、永遠の罰とか、地獄に落とすといった、非常に激しい意味があり、公開前、このセリフを入れるかどうか、制作サイドはずいぶん迷ったそうです。

訳　正直なところ、そんなことは私にとってどうでもいいことだ。

Houston,
we have a problem.
(hava)

ジム・ラヴェル（トム・ハンクス）
『アポロ13』（Apollo 13 ; 1995年）

月への飛行中に爆発事故を起こしたアポロ13号の救出作戦を描いた傑作。アポロ11号の月着陸成功から9カ月後の1970年4月、アポロ13号は3人の宇宙飛行士を乗せて打ち上げられました。しかし月まであと一歩というところで爆発事故に遭遇、その影響で電力供給システムが壊滅的ダメージを受けてしまいます。このときに乗組員ジム（トム・ハンクス）が管制塔に向かって発したセリフ。このまま飛行を続ければ地球には戻れないという状況で、NASAは総力を結集して3人の宇宙飛行士の救出にかかります…。1970年に起こった事実をもとに製作されたパニック・ドキュメンタリー映画。アメリカでは誰もが一度は真似したことのある超有名セリフです。

訳　ヒューストン、トラブルだ。

> gimme   ya   clouz
>
> Give me your hand. Close your eyes.
> Step up. Hold onto the rail.
> Keep your eyes closed...Don't peek.

ジャック・ドーソン（レオナルド・ディカプリオ）
『タイタニック』(TITANIC : 1997)

史上最大の海難事故にラブストーリーをからめて描き出したスペクタクル・ロマン超大作。1912年、英国サウザンプトン港から出航した豪華客船タイタニック。新天地アメリカに夢を抱く画家志望の青年ジャック・ドーソン（レオナルド・ディカプリオ）は、船の上で上流階級の娘ローズ（ケイト・ウィンスレット）と運命的な出会いを果たします。いくつもの障害を乗り越え2人は強い絆で結ばれていきます。燃え上がった恋の炎は、消そうとしても消せないのが世の常。帆先で風にあたるジャックのもとへローズが近づく。ふと振り返って彼女を見たジャックが言ったセリフが、Give me your hand. Close your eyes…です。セリーヌ・ディオン名曲『My Heart Will Go On』とともに、思わず目頭に熱いものがこみ上げる名シーンです。

訳　手をかして。目を閉じて。こっちへ来て、手すりにつかまって。目をつぶったまま、見ちゃだめだよ

You're going to need a bigger boat.

(gonna) (needa)

保安官ブロディ（ロイ・シャイダー）
『ジョーズ』（Jaws；1975年）

言わずと知れたスピルバーグ監督の出世作！平和な海水浴場に突如出現した巨大な人喰いザメ。観光地としての利益を求める市当局によって対応が遅れ、犠牲者の数は増すばかりとなりますが、ついに勇敢なる3人がサメ退治に乗り出す物語です。ショック描写のみならず、すべてにおいて周到な演出には舌を巻く傑作。このときスピルバーグはまだ27才だというから、二重に驚きます。セリフは、7.6メートル（約3トン）の巨大なホオジロザメを目の当たりにした保安官役ロイ・シャイダーがロバート・ショウに向かってつぶやいたもの。退治すべきサメが想像を超えた大きさで呆気にとられている気持ちを絶妙に表しています！部屋が散らかってこれ以上どこにも物を置くところがない、という場合にもいまだによく引用される、ほとんど慣例句的なセリフ。映画の影響力ってすごいなあ…。

訳　大型船を呼ぼう。

I'm walking here!
I'm walking here!

(wah kin)

ラッツォ・リゾ（ダスティン・ホフマン）
『真夜中のカーボーイ』（Midnight Cowboy：1969年）

自慢の体を武器に、ニューヨークでジゴロとして一旗あげるべくテキサスからやってきたカウボーイのジョー・バック（ジョン・ヴォイト）。しかし、現実は思うようにいかず、孤独感に襲われていくなか彼は、肺病を病み片足が不自由なラッツォ（ダスティン・ホフマン）と呼ばれる小男と出会う。やがて奇妙な友情で結ばれていく2人。ラッツォは薄汚れた今の世界から、太陽の光がふりそそぐマイアミへおもむくことを夢見ていましたが…。都会の孤独と友情を描き、69年度のアカデミー賞作品、監督、脚本賞を受賞したジョン・シュレンシンジャー監督によるアメリカンニューシネマの秀作。「カウボーイ」ではなく「カーボーイ」という邦題がミソ。主演のジョン・ヴォイト、ダスティン・ホフマンの熱演も見ものだが、ジョン・バリーの哀切こもったハーモニカを主題とした音楽もすばらしい。

訳　ちゃんと歩いてんだぞ！

Get your stinking paws off me, you damn dirty ape.

(ge chur)

ジョージ・テイラー（チャールトン・ヘストン）
『猿の惑星』(Planet of the Apes；1968)

人間の屈辱感をあますところなく描いた超傑作。サルが人間を支配している、というコンセプトが、まずすごい。監督フランクリン・J・シャフナーはそのカルチャーショックを見事に具現化しました。主役のテイラー(チャールトン・ヘストン)たち宇宙飛行士はオリオン星座に属するある惑星に着水。陸地に上がり、数日間砂漠地帯をさまよい歩き、森林地帯に入ったときに、その惑星で人間を目撃します。しかし、そこへ現れた猿の一群が人間を捕獲しているではありませんか。驚きですね。猿が高い文化を誇る高等動物で人間は口もきけない下等動物だというのですから。信じていた価値観が通用しない場所で苦しめられるテイラーが放ったセリフです。

訳　汚い猿め！さわるな！

Looks like I picked the wrong week to stop sniffing glue.

- picked → pickt
- wrong → wron
- to → ta
- sniffing → sniffin

スティーブ・マクロスキー（ロイド・ブリッジス）
『フライング・ハイ！』(Airplane! : 1980)

食中毒が発生したジェット機内のパニックをパロディ満載で描いたコメディ映画。元戦闘機乗りだったテッド・ストライカー（ロバート・ヘイズ）は戦争の後遺症によって飛行機恐怖症に苦しんでいましたが、何とかそれを克服。別れた恋人が搭乗する飛行機に乗り込み、よりを戻してくれるよう懇願します。しかし彼女はにべもない。そんな中、まさかの集団食中毒が発生、パイロット全員がダウン。操縦桿を握れるのはテッドのみ。いったいどうする!?　というストーリーですが、すべてのコミカルな演出にお腹を抱えて笑ってしまうシーンがいっぱい。乗客の一人であるスティーブ（ロイド・ブリッジス）が、極度のストレスの中、発したセリフでした。

訳　ブッとぶのを今週やめたのはまずかったな。

Snap out of it!

(outa)

ロレッタ・カストリーニ（シェール）
『月の輝く夜に』(Moonstruck；1987)

snapと聞いて私がいつも思い出すのが映画『月の輝く夜に』のロレッタ・カストリーニ（シェール）のこのセリフです。ニューヨーク・ブルックリンのイタリア系社会の人間模様を暖かい眼差しで描くロマンチック・コメディ。主役のロレッタは誠実な幼なじみダニー・アイエロ（ニコラス・ケイジ）からプロポーズを受けますが、彼の頬を叩いてこの一言。Snap out of it! ある気分や習慣から抜け出しなさいよという意味で、愛を告白されたシェールが、年の差を気にして「目をさまして私のことは忘れなさい」と言う、切ないシーン。貞節を重んじながら、なお、恋には寛容である彼らの人生を楽しむ姿勢に少しばかり羨ましく思います。シェールは本作でオスカーを獲得、ニコラス・ケイジも素晴らしい演技を見せてくれました。

訳　よして！

INDEX

A

about a	13
acting	110
all	92
always	81
an orange	142
apple	78
are you	145
asked	60

B

baked	58
ball	88
beautiful	76
been to	16
bees	97
better	17
big girl	115
bottle	19
boxes	101
bridges	105
but I	12

C

Can I	138
cell	93
center	40
city	20
close	103
coming	113
cooked	59
could not have	136

D

ding dong	116
doing	111
don't ask	25
don't you	147
dropping	117

E

excited	22

F

fed up	53
feel lonely	79
final	80

find	55
for a	140

G

get him	26
get your	144
glad you	49
go to	14
going on	108
going to	37
gold	54
good afternoon	47
got up	15
great idea	39

H

had to	46
have	129
have to	132
he	127
heard of it	69
helped	61
her	128
herb	126

hospital	77

I

I would have	130
I'd like	51
I'll	86
iced	57
included	64
invited	63
it'll	87

J

jumped	66
just	35

K

kisses	100

L

laughed	65
legs	98
let it	33
let me	34
lose	104

M

- matter ······· 18
- milk ······· 89
- mind your ······· 50
- must have ······· 133

N

- needed ······· 62
- nose ······· 96

O

- of ······· 122
- old job ······· 52
- olive ······· 124
- or ······· 123

P

- peaches ······· 102
- played tennis ······· 68
- pointer ······· 36
- pool ······· 90
- postman ······· 41
- put on ······· 28

R

- rang ······· 114
- real ······· 82
- right away ······· 29
- rule ······· 83

S

- sandwich ······· 67
- should not have ······· 135
- simple ······· 91
- sisters ······· 99
- small ······· 85

T

- talked ······· 70
- tell me ······· 74
- that again ······· 31
- that all ······· 139
- that your/ that you're ······· 146
- think it over ······· 24
- throwing up ······· 109
- to a ······· 141
- told you ······· 48
- travel ······· 84

U

used ·············· 56

W

wait a ·············· 23
wants to ·············· 38
watch out ·············· 120
what did ·············· 21
what happened ·············· 30
what I'm ·············· 27
why not ·············· 121
will you ·············· 75
won't be ·············· 32
would have ·············· 134

Y

your / you're ·············· 148
young girl ·············· 112

★著者紹介★
リサ・ヴォート　Lisa Vogt

アメリカ生まれ。アメリカ人の父と日本人の母をもつ。メリーランド州立大学で日本研究準学士、経営学学士を、テンプル大学大学院にてTESOL（英語教育学）修士を修める。専門は英語教育、応用言語学。2007年～2010年までNHKラジオ「英語ものしり倶楽部」講師。現在、明治大学・青山学院大学の講師を務めながら、異文化コミュニケーターとして通訳、翻訳、新聞・雑誌のエッセイ執筆など幅広く活躍。Asahi Weeklyに「Lisa's Eye on the Japan」、Mainichi Weeklyに「Inspiring Destinations」フォトエッセイ連載中。また、プロの写真家でもあり、世界6大陸50カ国を旅する。最北地は北極圏でのシロクマ撮影（BBC賞受賞）、最南地は南極大陸でのペンギン撮影。
著書『ネイティブ厳選 日常生活英会話まる覚え』『ネイティブ厳選 街の英会話まる覚え』『魔法のリスニング』（Jリサーチ出版）ほか多数。

カバーデザイン	滝デザイン事務所
本文デザイン／DTP	ポイントライン
イラスト	イクタケマコト
CD録音・編集	財団法人 英語教育協議会（ELEC）
CD制作	高速録音株式会社

J新書㉓
魔法の英語　耳づくり

平成24年（2012年）4月10日　初版第 1 刷発行
平成30年（2018年）5月10日　　　　　第10刷発行

著　者	リサ・ヴォート
発行人	福田富与
発行所	有限会社 Jリサーチ出版
	〒166-0002　東京都杉並区高円寺北2-29-14-705
	電　話　03（6808）8801㈹　FAX 03（5364）5310
	編集部　03（6808）8806
	http://www.jresearch.co.jp
印刷所	株式会社 シナノ パブリッシング プレス

ISBN978-4-86392-100-9　　　禁無断転載。なお、乱丁・落丁はお取り替えいたします。
©Lisa Vogt 2012 All rights reserved.